En este libro estupendo y sumamente leíl demuestra desde la Escritura, la histor la experiencia personal que ocurre cuando la Palabra y el Espíritu son cortados, así como cuando también son ligados en las vidas del pueblo de Dios. R. T. está en lo cierto cuando dice que "necesitamos *más* de la Biblia. Necesitamos al Espíritu Santo".

Este libro es una llamada de atención a la iglesia de Jesucristo a levantarnos por el hecho de que todos hemos contribuido a este divorcio entre ambas partes. ¿De dónde obtuvimos la idea de que cualquier creyente podría vivir sin la instrucción inefable de la Escritura y del poderoso ministerio del Espíritu Santo? Tanto aquellos que abrazan la renovación carismática como aquellos que se oponen a esta, pueden ser inmensamente beneficiados por el pensamiento de R. T. Kendall. ¡Lo recomiendo ampliamente para todos aquellos en ambos lados de la moneda!

—Sam Storms, Ph.D.
Bridgway Church, Oklahoma, City, Oklahoma
Enjoying God Ministries

Este libro contiene una riqueza de experiencia con Dios de un hombre que ha predicado la Palabra durante sesenta años y no ha parado. Ha departido con famosos académicos, con grandes predicadores y poderosos profetas. Él confiesa lo que era para él predicar la Palabra sin estar consciente de la presencia del Espíritu Santo, y cuenta la historia de cómo el Espíritu vino a él y cambió su vida y ministerio. Aún más importante, explica por qué la iglesia está en camino hacia el más grande derramamiento del Espíritu Santo desde los días de los primeros apóstoles.

—Jack Deere
Autor de superventas

Hay un mover tan profundo en la Iglesia por avivamiento. Anhelamos ver a Dios traer alrededor un avivamiento en nuestro día. Pero nos preguntamos qué necesitamos hacer. En este libro, R. T. Kendall nos muestra el sendero hacia el avivamiento en la Iglesia, por medio de traer juntos la Palabra y el Espíritu. Sin considerar cuánto tiempo haya estado usted siguiendo a Jesús o liderando en la iglesia, el mensaje de este libro es convincente y poderoso. Nos ayudará a posicionar nuestros corazones e iglesias para el avivamiento.

—Kevin Queen
Pastor principal, Cross Point Church,
Nashville, Tennessee

En Mateo 22:29, Jesús amablemente corrigió a los saduceos que habían venido a él para timarlo con una situación hipotética. Él dijo: "El error de ustedes es que no conocen las Escrituras y no conocen el poder de Dios" (NTV). Yo creo que estas palabras de Jesús pueden aplicarse mucho a la Iglesia de hoy, donde, tristemente, parece que hay una dicotomía en torno a estos dos temas. O usted pertenece a una iglesia que enfatiza en las Escrituras, o a una que enfatiza en el poder. He estado por todos lados con ambos tipos de cristianos, aquellos quienes conocen la Escritura, pero no "conocen" o no están "familiarizados" con el poder de Dios. He visto también muchos pastores alrededor del campo africano, quienes han levantado gente de la muerte (del poder) pero no conocen las Escrituras.

Yo creo que Dios, en los últimos días, está levantando una norma en su Iglesia, en donde su pueblo será un pueblo que conoce las Escrituras *y* el poder de Dios.

El libro de R. T. Kendall es un llamado a la iglesia a arrepentirse de la mentalidad de uno u otro y abrazar todo el mensaje del evangelio del Reino: la Palabra y el Espíritu Santo trabajan juntos lado a lado.

—Jeff Dollar
Pastor principal, Grace Center
Autor de *Letting Go of the Need to Be Right*

Esto no es solo otro libro de R. T. Kendall para agregar a su larga lista; esto es un llamado a estar listos. *La Palabra y el Espíritu* es un libro para preparar a la esposa de Cristo para su Novio. Esto conduce a la Iglesia hacia el lugar que Dios siempre ansió que estuviese, aquel donde su santa Palabra y su Santo Espíritu serían la pieza central antes de su venida. R. T. Kendall dice que es tiempo para que ambas cosas lleguen a estar juntas, y cuando lo hagan, habrá una explosión percibida en la Iglesia. R. T. nos muestra que este ha sido el deseo de Dios y el plan de Dios, pero ahora se nos ha concedido en el más reciente libro de R. T. sobre cómo ir hacia adelante.

—Tim Dilena
Pastor principal, Our Savior's Church
Lafayette, Louisiana

LA PALABRA Y EL ESPÍRITU

—

R.T. KENDALL

CASA
CREACIÓN

La mayoría de los productos de Casa Creación están disponibles a un precio con descuento en cantidades de mayoreo para promociones de ventas, ofertas especiales, levantar fondos y atender necesidades educativas. Para más información, escriba a Casa Creación, 600 Rinehart Road, Lake Mary, Florida, 32746; o llame al teléfono (407) 333-7117 en Estados Unidos.

La Palabra y el Espíritu por R.T. Kendall
Publicado por Casa Creación
Una compañía de Charisma Media
600 Rinehart Road
Lake Mary, Florida 32746
www.casacreacion.com

Originally published in the U.S.A. under the title:
The Word and the Spirit
Published by Charisma House, a Charisma Media Company,
Lake Mary, FL 32746 USA
Copyright © 2019 R.T. Kendall
All rights reserved

Visite la página web del autor: www.rtkendallministries.com

Traducción por: Roberto Cabrera
Diseño de la portada: Linda Gillotti
Director de diseño: Justin Evans

Library of Congress Control Number: 2019945961
ISBN: 978-1-62999-279-2
E-book ISBN: 978-1-62999-280-8

Nota de la editorial: Aunque el autor hizo todo lo posible por proveer teléfonos y páginas de internet correctas al momento de la publicación de este libro, ni la editorial ni el autor se responsabilizan por errores o cambios que puedan surgir luego de haberse publicado. Además, la editorial no tiene control ni asume responsabilidad alguna por páginas web y su contenido de ya sea el autor o terceros.

Impreso en los Estados Unidos de América
19 20 21 22 23 * 7 6 5 4 3 2 1

Pero, lo traería todo a prueba de la Palabra y el Espíritu. No tan solo de la Palabra, sino de la Palabra y el Espíritu. "Dios es Espíritu", diría el Señor, "y los que le adoran en espíritu y en verdad es necesario que adoren" (Juan 4:24). Mientras, nunca será posible tener el Espíritu sin lo mínimo de una medida de verdad; es posible, desafortunadamente, tener un caparazón de verdad sin Espíritu. Nuestra esperanza es que pudiéramos tener ambas, el Espíritu y la verdad, en rebosante medida.

—A. W. Tozer, *La búsqueda de Dios*

Dedico este libro a un extraordinario guerrero de oración, Dr. Ann Allen Salter, un veterano originario de Mobile, Alabama. Un especialista en todos los animales, especialmente las palomas, el Dr. Salter ha aportado un gran entendimiento a través de los años, sin mencionar el soporte en oración.

CONTENIDO

AGRADECIMIENTOS

MI MÁS PROFUNDO agradecimiento a Marcos Pérez, editor y vicepresidente ejecutivo de Charisma House, por su ánimo en que yo produzca este libro. Un sincero agradecimiento también a Joy Strang, quien amablemente leyó el manuscrito y ofreció algunas sugerencias necesarias. También, gracias a ti, Debbie Merrie, por editar este trabajo, ¡sabiendo cuán duro siento que mis libros *no* están inspirados verbalmente por el Espíritu Santo! Gracias, Mark Driscoll, por el profundo prólogo que has aportado a mi libro. Finalmente, gracias a mi esposa, Louise, por su paciencia y ayuda invaluable.

Oro porque Dios bendiga a cada persona que lea este libro con hambre creciente y anhelo por conocer mejor la Palabra y recibir más del Espíritu Santo.

—R. T. Kendall

PRÓLOGO

Cuando Jesús dijo que el Espíritu Santo es como el viento, Él estaba enseñándonos que el cristianismo es como un pequeño bote para navegar. La poderosa presencia del golpe del viento llena una vela y conduce al bote hacia su destino. Sin el viento, un bote carece de todo su poder, y en vez de dirigirse hacia el frente, permanece inmóvil, atascado y como muerto en el agua.

Es la estabilidad del timón la que conserva el curso del bote, conduciéndolo hacia el frente, aprovechando y concentrando todo el poder del viento para ese propósito. Sin el timón, un barco no tiene el poder para virar el curso hasta perderlo, y finalmente estrellarse contras las rocas y naufragar.

Algunas iglesias son iglesias vela y algunos cristianos son cristianos vela. Quienes están abiertos y llenos por la poderosa presencia del viento del Espíritu, sobresalen por tales cosas como oración y alabanza, así como por ejercitarse en el poder en la guerra espiritual, conduciendo el reino de Dios a través de las tormentas marítimas del obscuro y moribundo mundo demoniaco.

Algunas iglesias son iglesias timón, y algunos cristianos son cristianos timón. Como un timón, están enfocados en estabilizar el curso y no apartarse del camino por cada viento de falsa doctrina. Estos sobresalen por cosas tales como doctrina y teología y comprometen su mente en el estudio profundo de la Biblia, y buscan seguir la dirección de Dios en obediencia.

Tristemente, iglesias y cristianos vela e iglesias y cristianos timón por lo regular se critican entre unos y otros en lugar de colaborar. Los vela acusan a los timón de estar muertos, de no espirituales, de mente corta, de no tener poder ni pasión. Los timón acusan a los vela de ser muy emocionales, fuera de rumbo y peligrosos.

En este significativo libro, R. T. Kendall busca traer el viento del Espíritu y el timón de la Palabra juntos en un camino que todos los cristianos y las iglesias necesitan desesperadamente. Combina una mente teológica, un corazón pastoral, un alma que alaba y la experiencia de un abuelo, en un mensaje que es oportuno porque es atemporal. Hoy el cristianismo existe dentro de un mar turbulento a medida que crece la oscuridad en el mundo y las olas se hinchan más alto. Más que nunca, necesitamos el poder del Espíritu enfocado por la verdad de la Palabra, así que podemos llegar con seguridad al puerto donde Jesús espera por nosotros. Recomiendo ampliamente este libro proveniente de un experimentado y firme capitán, quien ha dedicado su vida entera al timón.

—Mark Driscoll
Fundador y pastor principal, The Trinity Church
Autor de *Jesús lleno del Espíritu*

INTRODUCCIÓN

¿**D**ESEA USTED VER la gloria de Dios, milagros genuinos, y el temor del Señor regresar a la Iglesia? ¿Desea usted ver un retorno del evangelio por el cual la cruz del Señor Jesucristo esté ensalzada y honrada? ¿Desea usted ver gente asombrada por la enseñanza y la predicación con la misma facilidad que los mueven las señales y los prodigios?

Más aún, ¿desea usted ver el temor de Dios venir sobre las naciones? Cuando un desanimado y reincidente Jacob regresó a Betel y se puso bien con Dios, he aquí "el terror de Dios estuvo sobre *las ciudades que había en sus alrededores*" (Gn. 35:5 énfasis añadido). Cuando el rey Josafat y los sacerdotes estuvieron bien con Dios, "cayó el pavor de Jehová sobre todos los reinos *de las tierras que estaban alrededor de Judá*" (2 Cr. 17:10, énfasis añadido).

El temor de Dios sobre la iglesia primitiva tuvo el mismo efecto. Lucas dijo que "vino gran temor sobre toda la iglesia" y que "por la mano de los apóstoles se hacían muchas señales y prodigios" (Hch. 5:11-12).

Gran parte del mundo tiene poco o nada de respeto por la Iglesia hoy día, pero las cosas mencionadas arriba estarán de vuelta en la Iglesia y será atestiguado por el mundo cuando la Palabra y el Espíritu por fin estén unidos de nuevo.

Lo que he llamado el "divorcio silencioso" entre la Palabra y el Espíritu terminará en una gloriosa reconciliación. Viene pronto.

No puedo pensar en otra cosa que debiese dar más honor a Dios o amenace mucho a Satanás que la Palabra y el Espíritu viniendo juntos, simultáneamente, como fue demostrado en el libro de los Hechos. Mientras que estas dos cosas permanezcan separadas en cualquier grado, será más fácil para el diablo evitar que la Iglesia tenga un impacto significativo en el mundo.

Cuando digo que hay un divorcio silencioso entre la Palabra y el Espíritu, quiero decir que con muchas personas hoy día ha sido una o la otra. Algunos están bien familiarizados con las Escrituras. Conocen sus Biblias. Conocen su doctrina. Conocen la historia de su iglesia. Pueden reconocer una herejía a la distancia. Yo llamo a estas personas gente de la Palabra.

Por otro lado, otros enfatizan el poder del Espíritu Santo, algunos estando bien familiarizados con el más puro poder de Dios. Ellos han experimentado la llenura del Espíritu Santo. Han tenido la experiencia de sus dones. Han visto sanidades, aun milagros. Y pueden detectar la ortodoxia muerta a lo lejos Yo llamo a estas personas "gente del Espíritu".

No hay ningún error con cualquiera de estos énfasis. Cada uno es exactamente correcto. Tome, por ejemplo, aquellos de nosotros quienes representan la tradición reformada como yo lo hago. Decimos: "Debemos seriamente contender por la fe dada una vez a los santos. Debemos recobrar nuestra herencia reformada. Debemos regresar al

Dios de Jonathan Edwards y Charles Spurgeon. Debemos ser de sana doctrina".

O tomemos otro ejemplo, el de aquellos que vienen de la perspectiva carismática o pentecostal. Ellos dicen: "Debemos recobrar el poder apostólico. La necesidad de hoy es por un avivamiento de los dones del Espíritu. Las señales y maravillas que se vieron en el libro de los Hechos debemos verlas de nuevo. Lo que se necesita es una demostración de poder".

Mi mensaje en este libro es este: por lo general la Iglesia luchará en un lado o en otro su suplica para que Dios restaure el honor de su nombre hasta que no una ni otra, sino *ambas* —las Escrituras como el poder de Dios, la Palabra y el Espíritu— se unan simultáneamente.

Estamos viviendo en tiempos donde el temor de Dios está prácticamente ausente en la Iglesia, hablando de una generalidad. El mundo no está temeroso de nosotros o amenazado por nosotros, sino al contrario, se burla de nosotros mientras estamos en un sueño profundo. No hay ya más sentimiento de indignación sobre las condiciones actuales de la sociedad.

El avance de la maldad a través del mundo es tan veloz que estamos viendo la degeneración de los estándares de moralidad y decencia frente a nuestros ojos sin incomodarnos como alguna vez pudo haber sido. Hasta que el temor de Dios regrese a la Iglesia, los caminos de los hombres "irán de mal en peor" (2 Ti. 3:13). Esto es porque la iglesia, de acuerdo con Jesús, es "la sal de la tierra". Pero Él también dijo que si la sal pierde su sabor, "no sirve más para nada, sino para ser echada fuera y hollada por los hombres" (Mt. 5:13).

Discúlpeme, yo deseo que esto no sea así, pero esto es precisamente lo que la Iglesia es en muchas partes del mundo, como lo escribo en estas líneas. La única cosa que traerá el temor de Dios de regreso a la Iglesia, aparte del evangelio puro de Cristo, es la Palabra de Dios y el Espíritu Santo viniendo a estar juntos en igual medida. El día de Pentecostés comenzó con burlas. Después de que el Espíritu Santo cayó sobre los 120 discípulos, los burladores dijeron: "Están llenos de mosto" (Hch. 2:13). Sin embargo, una vez que la Palabra de Dios fue predicada por medio del poder del Espíritu a través de Pedro, el cinismo se convirtió en temor. Como resultado de la predicación de Pedro, ellos "se compungieron de corazón" y gritaron: "¿qué haremos?" (v.37). Las consecuencias relativas a este histórico día fue el temor de Dios: "Y sobrevino temor a toda persona" (v. 43).

Poco después de eso, Satán se apoderó y consiguió que Ananías y Safira mintieran al Espíritu Santo, pero Pedro, lleno del Espíritu, *rápidamente discernió lo que estaba sucediendo. Él reprendió a Ananías y Safira y cayeron muertos al instante. El temor de Dios permaneció a un nivel alto (Hch. 5:1-11). De hecho, muchos de aquellos no creyentes "los [alababan] grandemente"* (v.13).

Como ya dije, es mi opinión que el temor de Dios no regresará a la Iglesia hasta que la Palabra y el Espíritu se unan otra vez. La combinación simultánea resultará en una combustión espontánea. Y el mundo una vez más pregunta: "¿Qué haremos?".

Esta es también mi opinión acerca de que tal día viene... y viene pronto.

MI PRIMER ENCUENTRO CON LA PALABRA Y EL ESPÍRITU

Hasta donde yo sé, la primera conferencia Palabra y Espíritu tuvo lugar en el Wembley Conference Centre de Londres en octubre de 1992. Fue patrocinada y organizada por Beula, un grupo de iglesias interdenominacionales en el norte de Londres. Lyndon Bowring presidió las reuniones, y Graham Kendrick lideró la alabanza en la celebración. Graham presentó su canción "Jesus, Restore To Us Again", escrita para la ocasión, el cual se centra en las necesidades de que la Palabra y el Espíritu vengan a estar unidos en la Iglesia.

Una de mis contribuciones en la conferencia no fue un sermón expositivo, pero sí afirmativo. Se llama "Isaac" en el último capítulo de este libro. El apóstol Pablo da una alegoría acerca de Agar e Ismael y de Sara e Isaac. (Ver Gálatas 4:21-23) Pablo lo hizo en el contexto de explicar el propósito y lugar de la ley. Lo que he hecho con el relato original es aplicarlo proféticamente a nuestros días.

Creo que esta vieja historia se repite a sí misma. En la misma forma en la que Abraham pensó con sinceridad que Ismael era el hijo prometido, muchos han creído que el actual movimiento pentecostal/carismático es *el* último avivamiento que Dios prometió antes de la segunda venida. Tengo mis dudas. Mi punto de vista es que un mover del Espíritu mucho mayor que cualquier otro movimiento en la historia de la Iglesia —a saber "Isaac"—, viene. Será una obra de Dios más significativa que cualquier otra que se haya visto hasta ahora, aun en la proporción de la grandeza de Isaac sobre Ismael.

La iglesia está en el borde de una era poscarismática de gloria sin precedentes. En mi opinión, es igual al clamor de media noche sobre el cual leemos en la parábola de las Diez Vírgenes (Mt. 25:1-13). Es cuando la Palabra y el Espíritu se unen como se ve en el libro de Hechos. Smith Wigglesworth (1859-1947) habló mucho de lo mismo.

Creo que "Isaac" llegará de repente sin mayores noticias cuando la Iglesia esté en un profundo sueño, a la espera de nada. Es así como estamos precisamente ahora. La Iglesia en lo general estando en un sueño profundo es la descripción más exacta del estado de la Iglesia en la actualidad. Este llamado a despertar puede ocurrir en cualquier momento, y llegará muy pronto.

La pregunta es: ¿Estamos listos para ello?

PARTE I:
EL PODER DEL
ESPÍRITU

Capítulo uno

¿PODEMOS TENER LA PALABRA SIN EL ESPÍRITU?

*Las insensatas, tomando sus lámparas,
no tomaron consigo aceite.*

—MATEO 25:3

F UI EL PASTOR de la Capilla de Westminster por veinticinco
años. Fue un gran honor, un gran privilegio, pero rara
vez vi al Espíritu Santo moverse como lo esperaba. No era
que fuéramos estériles. Bauticé mucha gente; vi conversiones
genuinas regularmente. Incluso vi a alguna gente ser sanada.
No mucho; pero algunas sanidades que fueron genuinas. En
todo caso, la mayoría de la gente que venía a Westminster llegaba a escuchar la Palabra. Había llegado a conocerse
como un "centro de predicación" durante los ministerios de
G. Campbell Morgan (1863–1945) y el Dr. D. Martyn Lloyd-
Jones (1899–1981). La Capilla de Westminster fue conocida
por su predicación bíblica, especialmente por su predicación
expositiva. Yo continué esa tradición. Un comentario típico
después de un sermón era —aunque fuera una cortesía británica— "Gracias por su palabra". Para eso era que la gente
venía; porque eso era lo que obtenían: la Palabra.

Quiero mostrar en este capítulo que podemos tener la
Palabra sin el Espíritu, es decir, la Palabra sin la presencia consciente del Espíritu Santo. Para comprender lo que
quiero decir con esto, debe primero comprender que hay
una diferencia entre la presencia *consciente* de la presencia
del Espíritu y su presencia *no consciente*.

Cuando Pablo dijo, "pues nuestro evangelio no llegó a
vosotros en palabras solamente, sino también en poder, en
el Espíritu Santo" (1 Tes. 1:5), quiso decir que uno *puede*
predicar la Palabra sin poder y sin el Espíritu Santo. Quiso
decir que la presencia *consciente* de Dios fue manifiesta en
Tesalónica. Prácticamente dijo lo mismo a los corintios: "y
ni mi palabra ni mi predicación fue con palabras persuasivas
de humana sabiduría, sino con demostración del Espíritu y
de poder" (1 Co. 2:4).

En ambos ejemplos, Pablo pudo testificar de la presencia *consciente* del Espíritu. De la misma forma, en ambos casos, Pablo implica que él pudo haber hablado en palabra únicamente. Pero no lo hizo, al menos no en esas ocasiones. La presencia consciente el Espíritu Santo acompañó su predicación con poder. Él supo que eso era esencial para predicar efectivamente.

Por esta razón, pidió a los efesios que oraran por él para que le fueran dada "palabra" para proclamar con "denuedo" el evangelio (Ef. 6:19). *Palabra* viene del griego *logos*, que examinaremos en detalle abajo. *Denuedo* viene de *parresia*, que significa "audacia" o "libertad al hablar".[1] Eso es lo que Pablo tenía cuando predicó el día de Pentecostés (Hechos 2:14-41). Fue lo que Pablo quería que los efesios pidieran en oración. Estoy seguro que Dios respondió su oración, pero si tal libertad, audacia o expresión llegaba inevitablemente cada vez que Pablo se levantaba a predicar, no hubiera pedido a los efesios que oraran por él como lo hizo. Él no estaba meramente exhibiendo humildad al pedir sus oraciones; sabía que sin el poder del Espíritu dándole voz y audacia, sus esfuerzos hubieran sido mucho menos efectivos.

La mayoría de los predicadores admitirán la experiencia de predicar sin libertad. No es divertido. Alguno dirá: "Ah, pero el Espíritu Santo de todas maneras bendijo su Palabra, no regresará vacía (Is. 55:11). Cierto. Sé lo que es predicar sin el sentimiento de libertad y aún tener gente convertida. A veces mi predicación me pareció como un completo fracaso, pero hubo gente que me dijo, "¿Cómo supo que yo estaba ahí hoy?". Así que, en un *sentido*, el Espíritu siempre acompañará a la Palabra. Es la presencia inconsciente del Espíritu trabajando en tales situaciones, como busco mostrar en mi libro *La presencia de Dios* (Casa Creación). Nunca debemos subestimar la presencia inconsciente del Espíritu Santo.

Algunos enseñan que la Palabra y el Espíritu son invariablemente inseparables. Dirían que las declaraciones de Pablo acerca de su propia predicación sin poder lo prueban, como si este hubiera sido el caso cada vez que predicó y que todo el que predica sana doctrina tendrá el mismo nivel de poder que él tuvo. Muchos cesacionistas —quienes creen que lo milagroso cesó por decreto de Dios hace mucho tiempo— quieren insistir mucho en esto. No quiero ser injusto, pero sospecho que algunos se aferran a esta idea para no tener que orar por una mayor unción.

Uno de los mayores privilegios de toda mi vida fue tener una relación cercana con el Dr. Lloyd-Jones, el más grande predicador desde Charles Spurgeon (1834–1892). Me abrió su casa desde el primer día en que me convertí en pastor de la Capilla de Westminster. Tuve el privilegio no únicamente de que fuera mi tutor, sino que llegué a conocer cómo funcionaba su mente. Conocí su latido: sus puntos de vista teológicos, sus opiniones políticas y las cosas que más amaba. Me sorprendí cuando un muy conocido cesacionista criticó abiertamente al Dr. Lloyd-Jones por "perseguir la unción". De hecho, el Dr. Lloyd-Jones anhelaba una mayor unción en su predicación más que ninguna otra cosa y urgía a todos los ministros que asistían a la Confraternidad de Wesminster a querer lo mismo. Siempre decía: "Soy un hombre del siglo XVII (la era de John Wesley y George Whitefield) no del siglo XII (la era de los puritanos)". Él insistía en ser llamado "un metodista calvinista". Abrazó la soberanía de Dios como los calvinistas históricos, pero admiró la apertura al "testimonio inmediato y directo del Espíritu Santo" que caracterizó a los primeros metodistas. Muchas referencias a él —como en mi libro *Fuego santo* (Casa Creación)— vienen de recuerdos personales. Evan Roberts (1878–1951), la figura descollante del avivamiento galés (1904–1905) fue un metodista calvinista. Los primeros metodistas creían en el testimonio inmediato y directo del Espíritu Santo, el cual podían experimentar conscientemente. Hay un sentido en el que la Palabra y el Espíritu son inseparables, pero no *conscientemente* inseparables. Si usted dice que la Palabra y el Espíritu son inconscientemente inseparables, yo estaría de acuerdo. Primero que todo, no tendríamos el Antiguo y el Nuevo Testamentos sin el Espíritu. El Espíritu Santo escribió la Biblia, como veremos a detalle más adelante. Sin embargo, esto no significa que el Espíritu siempre aplicara la Palabra. Algunas veces el Espíritu Santo aplica la Palabra y algunas veces, a causa de su soberana prerrogativa, no lo hace. Una palabra impresa en un anuncio espectacular puede citar un versículo. Usted puede ver esto en los estados del cinturón bíblico en los Estados Unidos, especialmente en Tennessee en donde vivimos por el momento. Millones —salvos y perdidos— ven estos versículos mientras conducen por una autopista. Algunas veces se cita Juan 3:16: "Porque de tal manera amó Dios al mundo, que ha dado a su Hijo unigénito, para que todo aquel que en él cree, no se pierda, mas tenga vida eterna". Si la Palabra y el Espíritu fueran inseparables, ¿entonces por qué no todos los perdidos son salvos cuando leen esto? La respuesta es porque el Espíritu no siempre aplica la Palabra. ¿Por qué no? Porque es soberano.

En otras palabras, hay veces cuando Dios elige retener su presencia consciente. Isaías descubrió una verdad que todos enfrentaremos esto tarde o temprano: "Verdaderamente tú eres Dios que te encubres, Dios de Israel, que salvas" (Is. 45:15). Dicho eso, habrá algunos que neciamente elijan *no* llevar aceite en sus lámparas mientras todos esperamos la venida del Novio (Mt. 25:3). La lámpara es un símbolo de la Palabra: "Lámpara es a mis pies tu palabra, y lumbrera a mi camino (Sal. 119:105). El aceite es un símbolo del Espíritu Santo. Cuando Samuel derramó aceite sobre David, "desde aquel día en adelante el Espíritu de Jehová vino sobre David" (1 S. 16:13).

Jonathan Edwards (1703–1758) predicó "Pecadores en las manos de un Dios airado" el 8 de julio de 1741, en Enfield, Connecticut. Una gran convicción se apoderó de sus oyentes, se vio gente sosteniéndose de los troncos de los árboles para evitar deslizarse al infierno. Pero después, Edwards predicó el mismo sermón en Northampton, Massachusetts, y ahí no hubo ningún efecto evidente.

Uno esperaría un poder inusual cada vez que predicara. No obstante, incluso el gran apóstol Pablo estaba plenamente consciente de que podía hablar a la gente sin la habilitación consciente el Espíritu. Por eso es que oró que se le diera *palabra* (declaración, habilidad inusual para pensar y predicar cuando el Espíritu Santo no solo derrama pensamientos en la mente de uno, sino que también concede denuedo para lo que no hay explicación natural). Meramente predicar doctrina, no importa qué tan precisa pueda ser esa enseñanza, sería insuficiente. Mi mentor, el Dr. Lloyd-Jones, acostumbraba amonestar a aquellos predicadores "sólidos" que eran "perfectamente ortodoxos, perfectamente inútiles".

En una palabra: necesitamos no solamente las Escrituras sino también el poder de Dios. Es el poder de Dios consciente el que (seguramente) todo predicador desea.

¿QUÉ TAN BIEN CONOCE SU BIBLIA?

Con todo, es tristemente cierto que la mayoría de los cristianos —sean liberales, evangélicos o carismáticos— *no conocen su Biblia*. No ayuda que en la iglesia de hoy en todo el mundo exista cada vez menos predicación expositiva. La predicación temática o motivacional ha dominado mayormente las ondas radiales en nuestro tiempo. No es que haya algo malo con la predicación temática o motivacional. Los mejores siervos de Dios lo han hecho y aún lo hacen. Pero un componente clave de la predicación expositiva es la alta opinión de las Escrituras. Uno difícilmente se motiva a predicar capítulo por capítulo —sin mencionar versículo por versículo— si no creen que el Espíritu Santo inspira cada palabra.

Nunca olvidaré haber predicado del pequeño libro de Judas. Solo tiene veinticinco versículos. Pasé la mayor parte de un año en Judas. Cuando llegaba a un versículo difícil, lo que ocurrió más de una vez, fue mi convicción en la infalibilidad de este pequeño libro lo que me mantuvo buscando oro. Y puedo decirle que hallé oro. Cuando una parte de mí deseaba rendirse —sabiendo que pocos o ninguno se darían cuenta— todavía presionaba para llegar al fondo del significado de Judas. No estoy diciendo que yo o alguien pueda alguna vez llegar al *fondo* de cualquier parte de la Palabra de Dios. Pero estoy aseverando categóricamente que mis mejores momentos en Judas —y en cada libro que prediqué en la Capilla de Westminster— llegaron a través de una dolorosa, cuidadosa, determinada y muy orada espera en el Espíritu Santo para comprender un libro o versículo en particular. Y valió la pena.

Vivimos en la generación del "mí". Muchos de nosotros hemos satisfecho el apetito de nuestra generación del "¿En qué me beneficio yo?". Difícilmente alguien pregunta: "¿En qué se beneficia Dios?".

La Biblia es la infalible Palabra de Dios. Refiriéndose al Antiguo Testamento, Pablo escribió:

> Toda la Escritura es inspirada por Dios, y útil para enseñar, para redargüir, para corregir, para instruir en justicia.
>
> —2 Timoteo 3:16

Pedro escribió:

> Porque nunca la profecía fue traída por voluntad humana, sino que los santos hombres de Dios hablaron siendo inspirados por el Espíritu Santo.
>
> —2 Pedro 1:21

Además de esto, Pedro ratificó las epístolas del apóstol Pablo como las Escrituras:

> Y tened entendido que la paciencia de nuestro Señor es para salvación; como también nuestro amado hermano Pablo, según la sabiduría que le ha sido dada, os ha escrito, casi en todas sus epístolas, hablando en ellas de estas cosas; entre las cuales hay algunas difíciles de entender, las cuales los indoctos e inconstantes tuercen, como también las otras Escrituras, para su propia perdición.
>
> —2 Pedro 3:15–16

Dios usó *gente* al escribir la Biblia, sí. Son evidentes sus personalidades, estilos, trasfondos culturales y sus presupuestos teológicos. Pero aun así sus palabras son exhaladas por el Espíritu e infalibles.

LA PALABRA DE DIOS: PREDICADA, IMPRESA, Y EN PERSONA

Pedro dijo: "Si alguno habla, hable conforme a las palabras de Dios" (1 P. 4:11). *Palabras* viene de la palabra *logia* —de *logos*—. La Nueva Versión Internacional la traduce como "las palabras mismas de Dios". La idea es que la Deidad habla a través de la persona. La predicación ideal sería cuando Dios mismo se apropia de nuestras palabras de tal manera que los oyentes sienten como si Dios mismo los estuviera confrontando.

Considere la predicación de Jesús: se trataba de un caso de ser confrontado por Dios mismo porque Jesús era (es) Dios, y todas sus palabras reflejaban la voluntad del Padre (Juan 5:19). Es por eso que sus escuchas estaban asombrados; él no hablaba como lo hacían los escribas sino con autoridad (Mt. 7:28, 29). Autoridad es lo que caracterizó la predicación de Pedro en el día de Pentecostés, como mencioné en mi introducción. La burla que precedió al sermón de Pedro se convirtió en que todos "se compungieron de corazón" y preguntaron: "¿qué haremos?".

DEFINICIÓN DE PREDICACIÓN

El sermón personifica lo que la predicación se pensó que fuera: la proclamación de la Palabra de Dios *a través de la personalidad humana*. El trasfondo, la cultura, el acento, la habilidad natural y la educación —o falta de ella— de una persona a menudo serán evidentes. Incluso si la persona habla con gran unción y poder. Durante el avivamiento de Cane Ridge (1801) en Bourbon Country, Kentucky, llamado por los historiadores eclesiásticos el "Segundo gran despertar" de los Estados Unidos, muchos predicadores incultos se unieron a exhortar simultáneamente junto a una media docena de otros que estaban predicando en una reunión de un gran campamento. Cientos y cientos se convirtieron. Los burlones que se aparecieron para criticar fueron salvos. Debido a que muchos de estos predicadores eran incultos pero efectivos, muchos fueron dirigidos a creer que la educación y la capacitación eran no solo innecesarios, sino una traba para el Espíritu Santo.

El acontecimiento histórico tuvo una influencia duradera en la región. Mi iglesia en Ashland, Kentucky, posiblemente fue parte de los últimos vestigios del fenómeno de Cane Ridge. Crecí escuchando a pastores y evangelistas invitados que eran mayormente incultos, es decir, ninguno que yo supiera se había graduado de un colegio o universidad. Pero conocían su Biblia.

En acuerdo o desacuerdo, se ha citado a Spurgeon diciendo: "No podemos enseñar a una persona *cómo* predicar, pero podemos enseñarle *qué* predicar". Habiendo dicho eso, el predicador puede cometer errores. Grandes errores. Pero lo que tenemos en las Escrituras es infalible, fiel y absolutamente cierto. Dios se encargó de eso.

Por ponerlo de otra forma, la Palabra de Dios *impresa* y la Palabra de Dios en *persona* tienen esto en común: el factor divino y el humano. Jesús era Dios *como si no* fuera hombre; él era hombre *como si* no fuera Dios. "En el principio era el Verbo, y el Verbo era con Dios, y el Verbo era Dios... Y aquel Verbo fue hecho carne" (Juan 1:1, 14). De la misma forma, las Escrituras son de Dios *como si* estuvieran al margen de aquellos que las escribieron, y con todo, aquellos que las escribieron mostraron sus personalidades *como si* lo hicieran por su cuenta y se les diera plena libertad de expresar lo que sintieron y creyeron. Por lo tanto, la Palabra de Dios encarnada y la Palabra de Dios impresa tienen esto en común. Tal como Jesús fue sin pecado y sus palabras no tenían error, así también las Escrituras son doctrinal y teológicamente infalibles.

Cuando comencé a predicar hace más de sesenta años, mucha gente conocía su Biblia. Podía citar muchos versículos de memoria, pero también muchos de los que escuchaban. A menudo asumía que sabían de lo que estaba hablando sin que tuviera que explicar lo que quería decir. Pero no es así hoy.

Uno de los mayores ajustes que he tenido que hacer —y que todavía tengo que hacer— es no *asumir nada* cuando predico y cuando escribo. Debo tener en mente que muchos de mis oyentes y lectores —gracias a Dios por las excepciones— necesitarán mi ayuda para crecer en su comprensión y conocimiento de las Escrituras.

Es una nueva generación, semejante al nuevo faraón que no conoció a José (Éx. 1:8). Hubo un tiempo cuando todo Egipto se regocijó en José y su familia, pero esa época no duró. Llegó un nuevo faraón que no le debía nada a José, una nueva generación que no apreciaba a José. De hecho, una generación que se sentía amenazada por el legado de José.

Es muy semejante a la actualidad. Mucha gente en la iglesia no conoce su Biblia porque no le leen a menudo. No solo eso, a menudo tampoco los líderes de la iglesia conocen su Biblia, ni fomentan con urgencia su lectura. Lo peor de todo, hay un creciente número de personas en el púlpito y las bancas de la iglesia que no han sido convencidos por el testimonio interno del Espíritu Santo de que la Biblia sea la Palabra de Dios.

Así es como sabemos que la Biblia es la Palabra de Dios: por el testimonio interno del Espíritu Santo. Hay algunos que han intentado apoyarse en las tan llamadas pruebas "externas" de las Escrituras: arqueología, testimonios de personas que dicen lo que la Biblia significa para ellos, etc. Esas pruebas externas no convencerán completamente. Únicamente el Espíritu Santo persuade totalmente. Y debido a que ha habido una disminución en el conocimiento del Espíritu Santo en nuestro tiempo, no es de sorprenderse que muchos sean "llevados por doquiera" por "todo viento de doctrina" (Ef. 4:14).

Hace muchos años, cuando pasé veranos en Washington D.C., llegué a conocer bastante bien a un rabino ortodoxo. Incluso me invitó a su casa a cenar. Mantenía correspondencia conmigo cuando fui estudiante en la Universidad Nazarena Trevecca. ¡Intenté convertirlo! Pero aun así fue amable conmigo y aprendí de él. Él no solamente estaba convencido de que Moisés escribió los primeros cinco libros del Antiguo Testamento, sino que *Dios* escribió esos cinco libros como si Moisés "no hubiera tenido nada que ver con lo que escribió". Dios dictó lo que Moisés dijo. Esas fueron las palabras que el rabino me dijo.

Yo no estoy diciendo eso. Creo que los hombres que Dios eligió para escribir los treinta y nueve libros del Antiguo Testamento y los veintisiete libros del Nuevo Testamento tuvieron plena libertad en lo que dijeron. Sucede que lo que ellos creyeron y escribieron era absolutamente cierto. Eso no significa que no pudieran cometer errores *cuando no estaban* escribiendo las Escrituras. Eran hombres falibles. Pero cuando escribieron lo que se convirtieron en partes de la Biblia, Dios prevaleció y escribieron lo que era y es verdad en lo que se refiere a doctrina.

Lo que escribo en este libro (y en todos mis libros) no son las Escrituras. Mis escritos así como mi predicación no es la Santa Biblia. Durante el proceso de escribir, doy mis manuscritos a amigos confiables. Algunos de ellos los hacen pedazos, y luego mi editor hace correcciones. ¡Necesito toda la ayuda que pueda obtener! Conozco a un escritor (su editor me dijo) que no permite que su editor cambie una sola palabra, ¡porque piensa que Dios escribió su libro! Yo no diría eso ni en mil años.

Sin embargo, del apóstol Pablo diría que sus *cartas* son infalibles. Él mismo no lo era. Únicamente fue un hombre. Lucas habla de cuando Pablo perdía los estribos (ver Hechos 23:3), algo que Jesús nunca hizo. Pablo era capaz de cometer errores. Pero cuando escribió sus epístolas, Dios tomó el control, y podemos aceptar totalmente las palabras de Pablo. Así mismo con Mateo, Marcos, Lucas y Juan, así como con los escritores del Antiguo Testamento y todos los del resto del Nuevo Testamento. Usted puede leer de forma segura todas las Escrituras, sabiendo que el mismo Dios fiel que envió a su Hijo al mundo para morir en la cruz se aseguró de que las palabras de su Hijo se registraran sin error y que los apóstoles que eligió para que escribieran lo que llamamos el Nuevo Testamento nos dieran una enseñanza infalible.

Dios no nos enviaría a su Hijo y luego permitiría que lo

que él vino a hacer fuera olvidado. Por eso es que tenemos la Biblia. Dios nos dio nuestras Biblias. ¿Está usted agradecido por ella? ¿Ha pensado en dónde estaríamos hoy sin Biblias? Entonces si Dios nos dio Biblias, ¿no querrá que sepamos lo que hay en ellas?

En las décadas de 1950 y 1960 surgió en Europa un fenómeno llamado neoortodoxia y se extendió por los Estados Unidos. Se puso de moda decir que la Biblia "contiene" la Palabra de Dios. Aquellos que proponían este punto de vista estuvieron muy lejos de decir que la Biblia *es* la Palabra de Dios. En lugar de ello, decían que "contenía" la Palabra de Dios, dejando que la gente eligiera las partes que suponían eran la auténtica Palabra de Dios. La consecuencia fue que cada vez más personas dudaban de la confiabilidad de las Sagradas Escrituras. Muchos pastores se desilusionaron y dejaron completamente el ministerio. La neoortodoxia resultó ser una moda peligrosa. Dudo que alguien vaya a la hoguera hoy por sus puntos de vista neoortodoxos.

Pero yo iría a la hoguera por lo que creo.

Yo estuve en un seminario durante un posgrado en el Seminario Teológico Bautista del Sur de 1971 a 1972. Un compañero del último grado me dijo: "No sé lo que voy a hacer ahora. Vine a este seminario creyendo en la Biblia. Se me ha enseñado que es un documento con defectos. No sé qué haré con mi vida a partir de aquí". Estoy feliz de decir que a estas alturas ese mismo seminario ha abrazado la infalibilidad de la Biblia. No era así cuando yo estaba ahí.

¿Qué me sostuvo en esos días? ¿Por qué no rechacé la Biblia como otros lo hacían? Respuesta: el testimonio interno del Espíritu Santo no permitió que sucumbiera a una enseñanza ajena a las Escrituras. El Espíritu Santo hará eso por usted también. El grado en el que creemos que la Biblia es infalible, confiable y fiel a menudo determina cuánto nos importa leerla. Eso sí, como la iglesia ha estado en un sueño profundo eso ha resultado en que muchos cristianos maduros permanezcan inactivos en su lectura de la Biblia. Como dije antes, puedo recordar un día — en mi vida— cuando los *laicos* conocían tan bien la Biblia ¡que usted podía comenzar a citar un versículo y muchos podían terminarlo! En la generación anterior no solo la gente leía su Biblia, sino que también memorizaban grandes porciones de ella. Hoy tal práctica virtualmente ha desaparecido de la tierra. Lo siento, pero incluso muchos predicadores no conocen su Biblia. ¡Algunos únicamente se vuelven a las Escrituras cuando necesitan un sermón!

Yo suplico a toda persona que lea estas líneas que tenga un plan de lectura de la Biblia, preferiblemente uno que le lleve a través de la Biblia en un año. Esto significa leer aproximadamente cuatro capítulos diarios. Hacer esto (1) le mantiene en la Palabra, y (2) le da lo que el Espíritu Santo le traerá a la memoria después. Una promesa concerniente al Espíritu Santo es que él nos recordará lo que Jesús enseñó (Juan 14:26). Algunos dicen: "Lo que necesito es que el Espíritu me tire". Yo digo: si tiene la cabeza vacía cuando caiga, se va a levantar con la cabeza vacía. ¡No habrá nada ahí que el Espíritu Santo pueda recordarle!

NECESITAMOS LA BIBLIA MÁS EL ESPÍRITU

Hasta ahora usted comprende que digo que necesitamos la Biblia. Sin embargo, también estoy diciendo que necesitamos *más* que la Biblia. Necesitamos al Espíritu Santo. Por citar a Jack Taylor, hay aquellos cuya comprensión de la Trinidad es "Dios el Padre, Dios el Hijo y Dios La Santa Biblia".[2] Esta sincera observación a menudo es precisa debido a la presuposición de que el Espíritu y la Palabra son inseparables. Si el Espíritu Santo no interviene y *aplica* lo que yo enseño y escribo, mis esfuerzos son en vano. Dios debe entrar al ruedo, o nadie será cautivado, nadie se convertiría.

En una palabra: las Escrituras necesitan ser *aplicadas*. Esto sucede a partir de la predicación ungida. Pero sin el Espíritu Santo no es posible predicar con unción.

Capítulo dos

En buenos términos con el Espíritu Santo

Y no contristéis al Espíritu Santo de Dios, con el cual fuisteis sellados para el día de la redención.

—Efesios 4:30

Y de igual manera el Espíritu nos ayuda en nuestra debilidad; pues qué hemos de pedir como conviene, no lo sabemos, pero el Espíritu mismo intercede por nosotros con gemidos indecibles. Mas el que escudriña los corazones sabe cuál es la intención del Espíritu, porque conforme a la voluntad de Dios intercede por los santos.

—Romanos 8:26–27

YO TUVE UNA ventaja inicial en el asunto de la vida cristiana. Mi recuerdo más temprano de mi padre es el de verlo sobre sus rodillas por treinta minutos cada mañana antes de ir a trabajar. A menudo leía su Biblia de rodillas. Conocía su Biblia mejor que muchos predicadores de hoy y definitivamente oraba más de lo que muchos predicadores lo hacen hoy. Así fue como fue criado. Tuvo un pastor que animaba a los miembros de la iglesia a pasar treinta minutos al día en oración. Él me dejó eso en herencia y me crio de la misma forma. Estoy decidido a dejar este legado mientras tenga aliento.

Martín Lutero (1483–1546) se esforzó por orar tres horas cada día. John Wesley (1703–1791) no pensaría en iniciar su trabajo diario antes de orar dos horas cada día, usualmente levantándose a las cuatro de la mañana en punto. De acuerdo con una encuesta reciente, en la que participaron miles de líderes de iglesias en ambos lados del Atlántico, el líder promedio hoy (ministro, evangelista, pastor, obispo, vicario, rector) pasa *cuatro minutos al día* en un tiempo de oración. Y usted se pregunta por qué la iglesia está dormida.

¿Cuánto ora usted? ¿Cuánto lee su Biblia? ¿Qué tan bien conoce su Biblia?

¿Le gustaría estar en buenos términos con el Espíritu Santo? ¡Entonces familiarícese con lo que Él escribió! Él escribió la Biblia. Él no se avergüenza de lo que escribió. La Biblia es el mayor producto del Espíritu Santo. Usted tendrá la unción del Espíritu Santo en el grado en el que honre lo que Él *escribió*.

"Mi pueblo fue destruido, porque le faltó conocimiento", dijo el profeta (Os. 4:6). Dios quiere que todos estemos bien informados en especial con dos cosas acerca de Él: su Palabra y sus caminos. Su Palabra se refiere a la Biblia, el Antiguo y el Nuevo Testamento; sus caminos se refieren a sus características. "Y no han conocido mis *caminos*", se lamentó Dios de su antiguo pueblo (Heb. 3:10, énfasis añadido). Moisés, estando seguro de que sus caminos complacían al Señor y de que podía pedirle cualquier cosa, solicitó: "te ruego que me muestres ahora tu camino" (Éx. 33:13).

Dios tiene *caminos*. El Espíritu Santo tiene *caminos*. Puede ser que a usted no le gusten sus caminos. Es más, Él no se ajustará a usted; usted debe ajustarse a Él.

¿Cómo llega uno a conocer los caminos de Dios? ¿Cómo llega usted a conocer los caminos de alguien? Respuesta: pasando tiempo con ellos. En mi libro *Did You Think to Pray?* (Charisma House) hice considerable énfasis en el *tiempo* invertido con Dios. Los hijos deletrean amor así: T-I-E-M-P-O. Eso es lo que desean más que nada, tiempo con sus padres, tiempo con aquellos a quienes admiran. Mostramos lo mucho que estimamos a una persona con la cantidad de tiempo que le damos.

Mi esposa conoce mis *caminos*. Ella sabe cómo pienso. Sabe cómo reaccionaré a un libro, un sermón, un discurso político, gente nueva que conozco. Tengo un puñado de amigos que verdaderamente conocen mis caminos. Han pasado tiempo considerable conmigo.

No subestime cuán bien llega a conocer los caminos de Dios solamente por pasar tiempo con Él.

Yo instaría a cada lector de este libro a pasar treinta minutos al día a solas con Dios. Puede contar su tiempo de lectura bíblica como parte de esto, pero recuerde que el tiempo invertido con Dios nunca es tiempo desperdiciado. La siguiente frase se atribuye a Martín Lutero, aunque no puedo hallarla en sus escritos: "Tengo tanto que hacer que, si no paso al menos tres horas al día en oración, nunca lograría hacer todo".[1] Ya sea que él haya dicho esas palabras o no, sabemos que Lutero era un hombre de oración. La idea que se expresa es que entre más ocupado estuviera, más esencial se volvía la oración. La mayoría de nosotros se excusaría de orar más si tuviésemos un día ocupado.

El principio es este: de a Dios su 10 por ciento y viva con el 90 por ciento de lo que se queda para usted. Mi papá acostumbraba decir: "¡Algunas veces pienso que el 90 por ciento incluso supera al 100 por ciento!". Del mismo modo, entre más tiempo le dé usted a Dios, ¡más conseguirá hacer! Estoy asumiendo que usará el sentido común cuando sugiero estas cosas; ¡no intente orar las 24 horas del día! Se lo prometo, de a Dios treinta minutos al día —una hora o más si está en el ministerio de tiempo completo— y conseguirá hacer más cosas de las que haría si descuida su tiempo de oración con el Señor. Incluso Jesús lo necesitaba. "Levantándose muy de mañana, siendo aún muy oscuro, salió y se fue a un lugar desierto, y allí oraba" (Marcos 1:35).

La hora del día no es tan importante como elegir un tiempo en el que pueda estar lo más despierto y disponible. Si no es una persona diurna, ore por las noches. El tiempo a solas con el Señor le llevará más cerca de Él y le habilitará para conocer sus caminos.

UNO DE LOS CAMINOS DEL ESPÍRITU SANTO

Mi más preciada percepción en la Capilla de Westminster fue descubrir la sensibilidad del Espíritu Santo. Se puede decir que es el mayor concepto transformador de vidas con el que me he cruzado. Llegué a entender esto antes de enfrentar el desafío de perdonar totalmente a quienes me lastimaron y me traicionaron. Fue mi conciencia de la sensibilidad del Espíritu lo que provocó que me diera cuenta de la importancia del perdón completo. La sensibilidad del Espíritu y el perdón completo son recíprocos; verdaderamente son inseparables. Usted aflige al Espíritu cuando no perdona; cuando perdona completamente, el Espíritu Santo se moverá dentro de su corazón con insondable paz y gozo.

Una característica esencial de los caminos del Espíritu Santo es que Él es —le guste o no— una persona muy, muy sensible. El tercer miembro de la Trinidad es una persona, y uno de sus caminos es que se hieren sus sentimientos muy fácilmente. Usted podría decir: "Él no debería ser así". Pero así es como Él es. Supérelo, o nunca llegará a conocerlo. Él no se ajustará a usted; usted debe ajustarse a Él.

Hace algunos años, una pareja británica fue enviada por su denominación como misioneros a Israel. Después de unas pocas semanas en su nuevo hogar cerca de Jerusalén, notaron que una paloma había llegado a vivir en el alero de su casa. También notaron que cada vez que azotaban la puerta, la paloma huía. Cada vez que discutían entre ellos, la paloma se alejaba. Un día, Sandy dijo a Bernice: "¿Has notado a la paloma?".

"Ah, sí", replicó ella. "Es como un sello de Dios de nuestra estancia en Israel".

Sandy noto cómo la paloma se alejaba cada vez que azotaban la puerta o tenían una discusión acalorada. "Tengo mucho miedo de que la paloma se vaya y nunca regrese", dijo Bernice.

Entonces Sandy la miró y dijo: "O la paloma se ajusta a

nosotros, o nos ajustamos a la paloma". Cambiaron su vida, con tal de mantener a la paloma ahí.

El Nuevo Testamento describe al Espíritu Santo como una paloma, y sin embargo no solo como una paloma; algunas veces como viento, algunas veces como fuego. ¿Pero por qué una paloma? La paloma es un ave tímida. Las palomas y las palomas torcazas (o tórtolas) son de la misma familia. Anatómicamente son idénticas, pero temperamentalmente son infinitamente diferentes.

En mi libro *Pigeon Religion* (Charisma House), muestro diecinueve diferencias entre las palomas y las tórtolas. No voy a entrar en detalle acerca de eso ahora, pero mencionaré dos cosas. Primero, una paloma es bulliciosa, ruidosa y no teme a la gente. Las palomas torcazas son gentiles, amables y tienen miedo de la gente. No puede acercarse físicamente a una paloma torcaza; volará antes de que intente tocarla.

Como una paloma torcaza, el Espíritu Santo se aflige y se apaga fácilmente. Le guste o no, *lo más fácil del mundo es contristar al Espíritu Santo.* Puede ser que necesite tiempo para procesar la frase previa, pero créame, no es una exageración.

En segundo lugar, a la paloma común puede entrenársele, pero no a una paloma torcaza. En la religión de las palomas, usted le dice al Espíritu Santo qué hacer. Pero con el auténtico Espíritu Santo, Él le dice a usted qué hacer. La razón por la que escribí *Pigeon Religion* fue mostrar cuánta gente no conoce la diferencia entre el auténtico Espíritu Santo y el falsificado, así como mucha gente no conoce la diferencia entre una paloma torcaza y una paloma común. He escuchado a la gente decir: "El Espíritu Santo descendió en nuestra iglesia el domingo". Pero cuando llego al fondo de ello, me hace pensar, era religión de paloma común. La conclusión es esta: el Espíritu Santo ciertamente es una persona muy sensible. Cuando Pablo dijo: "Y no *contristéis* al Espíritu Santo de Dios" (Ef. 4:30, énfasis añadido), usó una palabra griega que significa lastimar los sentimientos. Al Espíritu Santo, como dije, se le lastiman los sentimientos muy, muy fácilmente.

El mayor desafío que he enfrentado *jamás* es tratar de vivir un día o dos sin contristar al Espíritu. Lo hace uno cuando no desea hacerlo; ¡lo hace, aunque intente no hacerlo! Usted dirá: "No es justo". Lo comprendo porque yo he pesado eso mil veces. Pero ese es uno de los *caminos* del Espíritu Santo.

He llegado a entender este aspecto del Espíritu Santo al pasar más y más tiempo con Él. Entre más lo conozco, más veo cuán pecador soy, tan frágil, débil, despreciable e indigno. También he descubierto que uno rara vez sabe la hora en la que contrista al Espíritu Santo. Uno no siente nada cuando hace un comentario imprudente a un amigo o un extraño; muestra su frustración con la anciana en la caja registradora en un supermercado, que tiene todo el día y usted tiene prisa; habla impacientemente por teléfono con el brusco representante de una aerolínea; hace sonar la bocina al auto lento que está frente a uno; o dice palabras desagradables acerca de alguien. "Yo dije la verdad", puede uno decir. Concedido, pero de todas maneras se contristó al Espíritu Santo; la paloma se aleja de momento.

Entre más tiempo paso con Dios, más veo su santidad y nuestro pecado. No es que el Espíritu Santo nos abandone cuando tropezamos; no, Él nunca nos deja (Juan 14:15,

16). Pero nosotros perdemos el *sentido* de su presencia: pensamiento claro, comprensión de un versículo difícil de la Biblia, conocer lo que contrista al Espíritu.

Dios es misericordioso y perdonador. Pero quiere que conozcamos sus caminos. Llegar a conocerlo significa pasar tiempo con Él. Puede ser que haya muchos atajos, pero yo no los he encontrado.

Durante mi último año en Londres, se me pidió dirigirme a cien ministros que se habían reunido en la iglesia Holy Trinity Brompton. Me dieron diez minutos para hablar acerca del tema de la oración. Usé esos diez minutos para instar a todos esos ministros —la mayoría pastores y vicarios— a pasar al menos *una hora al día* en oración. Debo decirle que mi charla fue profundamente apreciada. Todos necesitamos que se nos recuerde lo más elemental y obvio como lo es el tiempo a solas con Dios.

Cuando usted y yo estemos de pie frente al tribunal de Cristo (frente al que todos estaremos), podemos lamentar cómo gastamos el tiempo y el dinero mientras estuvimos en esta tierra. Pero no tendremos remordimiento sobre cuánto *tiempo* pasamos a solas con el Señor o cuánto *dinero* le dimos. Ciertamente lamentaremos no haber invertido más tiempo con Él. Espero que este libro sea usado por el Espíritu Santo para impulsar a quienes lean estas líneas a comenzar *ahora* a invertir más tiempo a solas con Dios. ¡Nada es más reconfortante que saber que Dios disfruta nuestra compañía!

Capítulo tres

CÓMO OBTENER MÁS DEL ESPÍRITU SANTO

Procurad, pues, los dones mejores.

—1 Corintios 12:31

*No os embriaguéis con vino, en lo cual hay
disolución; antes bien sed llenos del Espíritu, hablando
entre vosotros con salmos, con himnos y cánticos
espirituales, cantando y alabando al Señor en vuestros
corazones; dando siempre gracias por todo al Dios
y Padre, en el nombre de nuestro Señor Jesucristo.*

—Efesios 5:18–20

¿Quisiera más del Espíritu Santo? Definitivamente yo sí.

Algunas personas podrán objetar la idea de "más" del Espíritu Santo. Tienen el punto de vista de que o se tiene todo el Espíritu Santo, o no se tiene. Ese es un comentario superficial, y ciertamente, uno muy engañoso. El impulso de todas las cartas del Nuevo Testamento es acerca de incrementar nuestra fe, acercarnos más a Dios y obtener más de Él. Únicamente Jesús tuvo al Espíritu Santo sin límite (Juan 3:34). Usted y yo tenemos una "medida" del Espíritu, razón por la que tenemos una medida de fe (Romanos 12:3).

Los discípulos preguntaron a Jesús: "Auméntanos la fe". Como alguien dijo: "Creo; ayuda mi incredulidad". (Marcos 9:24). Usted y yo a menudo estamos en esa posición; luchamos pero queremos que Dios incremente nuestra fe. Esto viene en la proporción en la que obtenemos una mayor medida del Espíritu Santo.

Escribí este libro para *cada* cristiano. Parte de él puede parecer dirigido a los predicadores o líderes, pero *todos* los cristianos —hombres, mujeres, jóvenes y ancianos— lo necesitan. Si usted no es un pastor o líder, esta parte del libro todavía se aplica a usted, cualquiera que sea su trabajo, don o llamado. También puede ayudarle a valorar la responsabilidad que lleva su pastor o líder de la iglesia y provocarle a orar más intensamente por ellos. Todos los lectores se beneficiarán de lo siguiente.

No tome lo que dije como palabras de un experto. Al inicio dije que no vi al Espíritu Santo obrar en mi ministerio como esperaba, y como todavía oro por eso. Lo que sigue son sugerencias. Me han dirigido al poco de unción que tengo. Dios no ha terminado conmigo todavía. Pero aquí está mi colaboración.

SIETE MANERAS DE RECIBIR
MÁS DEL ESPÍRITU

1. Pídalo.

Como mencioné antes, Pablo solicitó que los efesios oraran por él para que le fuese dada "palabra" cuando hablara. Jesús dijo que podíamos pedir y el Padre nos daría el Espíritu Santo:

> Y yo os digo: Pedid, y se os dará; buscad, y hallaréis; llamad, y se os abrirá. Porque todo aquel que pide, recibe; y el que busca, halla; y al que llama, se le abrirá. ¿Qué padre de vosotros, si su hijo le pide pan, le dará una piedra? ¿O si pescado, en lugar de pescado, le dará una serpiente? ¿O si le pide un huevo, le dará un escorpión? Pues si vosotros, siendo malos, sabéis dar buenas dádivas a vuestros hijos, ¿cuánto más vuestro Padre celestial dará el Espíritu Santo a los que se lo pidan?
>
> —LUCAS 11:9–13

Santiago dijo:

> ... no tenéis lo que deseáis, porque no pedís.
>
> —SANTIAGO 4:2

Los lectores de mi libro *Fuego santo* pueden recordar la experiencia con el Espíritu Santo que transformó mi vida mientras conducía desde Palmer, Tennessee, a Nashville el 31 de octubre de 1955. Lo que sucedió vino como resultado de *pedir* más de Dios. Para mi asombro —nunca lo he superado—repentinamente atestigüé a Jesús intercediendo por mí a la diestra de Dios el Padre. Después de estar en el Espíritu por una hora, literalmente escuché estas palabras de Jesús al Padre: "Él lo desea". El Padre respondió: "Puede tenerlo". Inmediatamente una cálida sobrecarga del Espíritu entró a mi corazón. Me fue dada una paz que no creía posible en esta vida. Cambió mi vida y también mi teología. Nunca he sido el mismo desde entonces.

Y sin embargo he preguntado muchas veces a lo largo de sesenta años qué era *aquello* a lo que Jesús y el Padre se refirieron. He concluido varias posibles respuestas: Pudo haber significado el bautismo en el Espíritu Santo, el sello del Espíritu, el reposo de la fe (He. 4:1, 10), descanso para el alma (Mateo 11:29), o lo que Charles Wesley (1707-1788) llamó "el descanso prometido" en su himno "Love Divine, All Loves Excelling,"[1] o "gozo inexplicable" (1 P. 1:8). Puedo añadir más a esta lista. En cualquier caso, pudiera significar *más del Espíritu Santo*. Yo oraba ese día por más del Espíritu Santo. Literalmente estaba implorando al Señor.

Si usted desea más del Espíritu Santo, *pida* más de Él.

¿Está el hombre desprovisto
   de paz, gozo y santo amor?
Esto es porque nos llevamos
   todo a Dios en oración. [2]
          —Joseph M. Scriven (1819–1886)

¿Ya pensó en pedir? ¿Ya pensó en orar?

2. Pase tiempo implorando a Dios y espere a que Él actúe.

Ésta es a menudo la hora de la verdad. Hablando directamente a pastores y líderes por un momento, uno nunca debe contar el tiempo de preparación de un sermón como tiempo de oración. ¡Preparar un sermón es su trabajo! Sí, desde luego que puede orar mientras lo prepara. Pero si cuenta el tiempo de preparación de su sermón como su tiempo a solas con Dios, está haciendo trampa.

Pido a todos mis oyentes y lectores que pasen treinta minutos al día a solas con Dios, y entonces vaya a trabajar. Por lo tanto, yo no cuento mi preparación del sermón como tiempo con Dios. Considero la preparación del sermón o el escribir un libro como mi trabajo. Debo llegar a conocer a Dios y sus caminos al pasar tiempo con Él *antes de comenzar a trabajar en un sermón o de escribir un libro.*

Usted podría preguntarse: "Pero ¿cómo puedo conocer los caminos de Dios tan solo pasando tiempo con él?". La respuesta es: *¡porque así es!* El tiempo a solas con Dios lo honra, afirma su Palabra y sus promesas. Cuando usted lo hace, parte de la recompensa es comenzar a conocer sus caminos. Coseche este beneficio tan solo al pasar conscientemente tiempo con Él, *por aburrido que pueda parecerle.*

Es maravilloso conocer los caminos de Dios. ¡Esto significa que está llegando a conocer a Dios en una manera que el antiguo Israel no lo hizo! Dios lamentó: "no han conocido mis caminos" (He. 3:10). Pero Dios no dirá eso de *usted* cuando toma tiempo para pasarlo con Él.

El poder no viene de cuánto sé, cuánto leo comentarios y libros, o cuanto tiempo paso en compañerismo con amigos piadosos. Viene de buscar el rostro de Dios en el equivalente a un "tabernáculo de reunión".

> Y Moisés tomó el tabernáculo, y lo levantó lejos, fuera del campamento, y lo llamó el Tabernáculo de Reunión. Y cualquiera que buscaba a Jehová, salía al

tabernáculo de reunión que estaba fuera del campamento… Cuando Moisés entraba en el tabernáculo, la columna de nube descendía y se ponía a la puerta del tabernáculo, y Jehová hablaba con Moisés.… Y hablaba Jehová a Moisés cara a cara, como habla cualquiera a su compañero.

—Éxodo 33:7, 9, 11

La intimidad con Dios viene al hacer un esfuerzo y pasar tanto tiempo con Él como pueda. Nunca olvide que Él es un Dios celoso (Éxodo 20:5). Si no le gusta este aspecto de la naturaleza de Dios, lo siento, pero simplemente así es Él. Dios quiere que usted lo ame *solamente por ser como es*.

Puedo prometerle esto: conózcalo al pasar tiempo con Él, y se hallará a sí mismo inundado de asombro de que tengamos un Dios como Él.

Este capítulo se trata de estar en buenos términos con el Espíritu Santo. Si eso es lo que usted y yo realmente deseamos, no estaremos dispuestos a tomar atajos. Se lleva tiempo, ¡pero el esfuerzo vale la pena!

3. Conozca su Biblia al derecho y al revés.

Muy seguramente debe comenzar con un plan de lectura de la Biblia. Cualquiera servirá, pero debe ser uno que lo lleve a través de la Biblia en un año. Mi plan de lectura bíblica de Robert Murray M'Cheyne (1813-1843) me lleva a través de los Salmos y del Nuevo Testamento dos veces por año. (Explicaré más acerca de M'Cheyne en el capítulo 7).

Aquellos que están en el ministerio deberían leer la Biblia no simplemente con la visión de obtener un sermón —o incluso una "palabra rhema". Léala por sí misma. Llegue a conocerla. Conozca a los patriarcas: Abraham, Isaac, Jacob y José. Conozca la historia de Israel. Llegue a conocer el trato de Dios con Moisés. Conozca el lugar de la ley en el plan de redención de Dios. Conozca los Salmos y los profetas. Comprenda las enseñanzas de Jesús. Esté al tanto de los milagros y de cómo el Espíritu Santo descendió el día de Pentecostés. Vea y capte la historia de la iglesia primitiva en el libro de los Hechos. Enamórese de los escritos de Pablo y de todos los apóstoles. Está leyendo la Palabra del propio Dios.

No hay conocimiento debajo del sol que equivalga al vasto conocimiento de las Sagradas Escrituras. No intercambiaría mi conocimiento de la Biblia por ninguna cantidad de dinero o con el más letrado físico, filósofo o médico de este mundo. Lo que tengo, usted puede tenerlo. Cualquiera puede conseguirlo. Se obtiene simplemente al leer la Biblia tanto que llegue a conocerla… toda.

Le haré una segunda promesa: *nunca lamentará haber pasado tiempo con la Palabra de Dios*. Ya sea un ministro o un conductor de taxi, un hijo de pastor o un mesero, un líder de alabanza o un contador —podría seguir y seguir—, llegue a conocer su Biblia mejor que cualquier otro libro. La recompensa es incalculable. Estar en buenos términos con el Espíritu Santo es mayor que estar conectado con celebridades, la realeza o el presidente. Nunca olvide lo que el gran evangelista, Dwigth L. Moody (1837–1899), dijo: "La Biblia no fue dada para incrementar nuestro conocimiento, sino para transformar vidas"[3].

4. Viva una vida santa.

Uno podría creer que esto es evidente, pero creo que debe decirse. Ninguno de nosotros somos naturalmente propensos a *querer* la santidad. La santidad y la santificación (el proceso por el cual nos volvemos más y más santos) puede usarse de manera intercambiable. ¡Todos somos congénitamente alérgicos a la santidad! Si el deseo robusto de santidad llegara automáticamente con la fe en Cristo, no *necesitaríamos* las epístolas del Nuevo Testamento. La razón por la que las tenemos es porque buscar la santidad —la santificación— debe *enseñarse*.

La doctrina de la santificación del Nuevo Testamento es la doctrina de la gratitud. Es nuestra forma de decir: "Gracias, Señor, por salvar mi alma". La gratitud algunas veces es espontánea, pero a menudo no lo es. Jesús sanó a diez leprosos, pero *únicamente uno* regresó para dar gracias. Así el inmediato comentario de Jesús: "Y los nueve, ¿dónde están?" (Lucas 17:17). Esto me dice tres cosas:

1. Dios ama la gratitud. Es honrado cuando tomamos tiempo para agradecerle.

2. Dios detesta la ingratitud. La coloca junto a los pecados más atroces (Rom. 1:21–32; 2 Tim. 3:2).

3. La gratitud debe enseñarse.

Necesitamos que se nos enseñe y se nos recuerde ser agradecidos, tal como Pablo recordó a sus seguidores:

- "Dad gracias en todo" (1 Ts. 5:18).

- "…sean conocidas vuestras peticiones delante de Dios en toda oración y ruego, con acción de gracias" (Fil. 4:6).

- "Perseverad en la oración, velando en ella con acción de gracias" (Col. 4:2).

Asimismo, debe enseñarse la santidad.

- "...pues la voluntad de Dios es vuestra santificación" (1 Ts. 4:3).

- "...los que creen en Dios procuren ocuparse en buenas obras" (Tito 3:8).

- "Seguid... la santidad, sin la cual nadie verá al Señor." (He. 12:14).

- "Sed santos, porque yo soy santo" (1 P. 1:16; Lv. 11:44).

En una palabra: si usted quiere estar en buenos términos con el Espíritu de Dios, recuerde que Él es el Espíritu *Santo* y que escribió el Antiguo y el Nuevo Testamento. Las epístolas del Nuevo Testamento podrían resumirse en cómo mostrar la necesidad de santidad y cómo vivir una vida santa.

5. Testifique a la gente (incluso a extraños) persona a persona.

Espero que lo que ahora comparto con usted le haga sonreír. Sucede que escribí el enunciado en negritas que precede a este párrafo durante un vuelo de Chicago a Seattle. Junto a mí estaba un cirujano ortopedista de Chicago. Mi esposa, Louise, sufría de un dolor agudo por una hernia de disco. Hacía siete años había tenido una cirugía en la espalda. La probabilidad de sentarme junto a un cirujano que virtualmente realiza la misma operación era muy remota. Aprendí mucho de él y descubrí que era judío. Regresé a escribir este libro y comencé este párrafo. Este pensamiento me interrumpió de repente: "O creo en lo que estoy escribiendo, o no. Si no practico lo que predico en este libro y comienzo a hablarle a este hombre acerca de Jesús, soy un hipócrita".

Oré pidiendo sabiduría y luego volteé hacia él y cambié el tema hacia Jesucristo. Habiéndole dicho que yo era un ministro cristiano, le pregunté: "¿Tiene algunos pacientes que le hablen acerca de Jesucristo?".

"No", respondió. Le dije que había escrito un libro con un rabino ortodoxo (*The Christian and the Pharisee*, FaithWords). Luego pregunté: "¿Si muriera hoy, sabe con seguridad si iría al cielo?".

"No".

Luego le pregunté: "Si estuviera frente a Dios —y lo estará— y Él le preguntara —y podría hacerlo—: '¿Por qué debo dejarte entrar a mi cielo?', ¿qué le diría?". Él no estaba seguro de qué decir, únicamente que pensaba que había sido una buena persona. Luego le presenté el evangelio, que Jesús de Nazaret era su Mesías y quien murió en una cruz por nuestros pecados. No estaba particularmente interesado en lo que yo tenía que decir, pero le dije: "Si alguien le habla así en el futuro cercano, eso le mostrará que Dios trabaja en su caso". Sonrió. También me agradeció cuando le pedí orar por él. Probablemente nunca vuelva a verlo otra vez.

¿Por qué debería uno testificar a la gente así? Respuesta: Primero, porque fuimos mandados a hacerlo así por Jesús mismo (Mt. 28:19; Mr. 16:15). Segundo, porque la iglesia primitiva —incluso además de los apóstoles— lo hacía así (Hechos 8:1-4). Tercero, compartir la fe da como resultado el profundizar nuestra comprensión de lo que tenemos en Cristo (Filemón 6).

Hace años, un abogado británico vino a mi sacristía en la Capilla de Westminster para decir: "Creo que estoy llamado a predicar". Le sugerí que probara este llamado uniéndose a nosotros para testificar a los perdidos en las calles de Westminster el domingo por la mañana. Inmediatamente replicó: "No soy bueno para testificar persona a persona, pero soy bueno para hablarle a miles". Le respondí tan amablemente como pude: "Si no está dispuesto a testificar a una persona, no está llamado a testificar desde un púlpito a miles". Nunca más regresó.

Tras unas pocas semanas de haberme convertido en el ministro de la Capilla de Westminster, pregunté a la congregación: "¿Cuántos de ustedes *nunca* han llevado un alma a Jesucristo? Estaba hablándole a los miembros regulares de nuestra iglesia cuando pregunté esto. ¡Pero igualmente podría haber dirigido la misma pregunta a quienes están en el ministerio! Un ministro que no puede testificar a una persona de forma personal no es —en mi honesta opinión— apto para predicar el Evangelio desde el púlpito.

Todos estamos llamados a hacer esto. Si vemos a los perdidos comenzar a venir a Cristo por millones, creo que sucederá porque el gigante dormido llamado el cuerpo de Cristo se despierta, se enciende y comienza a hablar acerca de Jesús a sus vecinos, amigos y a todos los que encuentre.

Si ha leído mis otros libros, es probable que haya leído la historia de la vez que invité a Arthur Blessitt, el hombre que ha cargado una cruz de madera por todo el mundo (y que actualmente tiene el récord mundial del peregrinaje en curso más largo[4]), para predicar durante seis semanas seguidas en la Capilla de Westminster en la primavera de 1982. Predicó acerca de "el latido de Dios", el cual él creía era llevar a los perdidos al conocimiento salvador de Jesucristo. Arthur habló acerca de testificar a toda la gente dondequiera que estuviera.

Uno de nuestros diáconos que había apoyado mucho mi ministerio estaba furioso por la descarada predicación de Arthur. Prometió no regresar hasta que Arthur se hubiera ido. Luego, cuando Arthur se fue, este diácono reclutó a otros diáconos para expulsarme del ministerio. Por poco lo logran. Pero increíblemente, ¡toda la crisis comenzó con el énfasis intencional de Arthur en que se testificara a toda la gente en donde quiera que estén!

¿Es usted un testigo de Jesús? ¿Habla con sus amigos? ¿Ha llevado a un alma a Cristo?

Una persona preguntó una vez a Arthur Blessitt: "¿Por qué Dios parece hablarle a usted directamente, pero no me habla a mí así?"

Arthur respondió preguntado: "¿Alguna vez ha tenido el impulso de testificar a alguien que no conocía?".

La persona respondió: "De hecho, sí".

Arthur dijo a esta persona: "Entonces comience a obedecer ese impulso, y la voz del Señor se volverá más y más clara".

No hay nada como testificar de Jesucristo para traer intimidad con Dios, es decir, si lo que quiere es intimidad con el Espíritu Santo.

Desde mi punto de vista la iglesia hoy está dormida. Esa fue la evaluación de Jesús de la iglesia en los últimos días: dormida. Al describir los últimos días en Mateo 24, Jesús dijo en Mateo 25:1: "Entonces [en ese tiempo, durante los últimos días] el reino de los cielos será semejante a diez vírgenes". Cinco eran sabias y cinco eran necias, pero *todas* cabecearon y se durmieron (v.5). Sí, esa es la mejor manera que conozco para describir a la iglesia de hoy: dormida. Como escribí en mi libro *Prepare Your Heart for the Midnight Cry* (Charisma House), en el mundo natural usted no sabe que está dormido hasta que despierta. La misma verdad se aplica en el mundo espiritual. Nosotros —el cuerpo de Cristo, la Iglesia— no sabemos que estamos dormidos espiritualmente. No nos daremos cuenta de que hemos estado durmiendo hasta que despertemos.

Cuando ocurra el grito de medianoche descrito en Mateo 25, seremos despertados y sin vergüenza testificaremos de Jesucristo a todos: amigos, vecinos y extraños. Desafortunadamente, por ahora, un espíritu de miedo virtualmente paraliza a la iglesia y nos mantiene en hibernación espiritual.

Mi punto es: si este es el poder que usted quiere, trate de hablar a la gente acerca de Jesús a donde quiera que vaya.

6. Busque honra y alabanza de Dios, no de la gente.

Juan 5:44 ha sido mi versículo de vida por más de sesenta años. No estoy seguro por qué ha permanecido conmigo toda mi vida, pero sé que por primera vez se apoderó de mí en 1956 porque dos de mis mentores a menudo lo citaban. Cuando digo "versículo de vida" no quiero sugerir ni por un minuto que he vivido de acuerdo con ese versículo. He fallado muchas veces, pero he buscado vivir por él.

Juan 5:44 muestra que deberíamos vivir y hablar ante un público de uno —concretamente solo Dios. Malaquías 3:16 dice que Dios escucha a escondidas nuestras conversaciones. Si comenzamos a hablarnos unos a otros con la conciencia de que Dios mismo está escuchando, eso puede cambiar drásticamente el tenor de nuestra conversación.

Juan 5:44 revela la razón por la que los judíos perdieron

a su Mesías: eran adictos a la aprobación de sus compañeros judíos. No querían perder a un amigo al admitir que Jesús de Nazaret era el Mesías de Dios. Si hubieran estado motivados por el honor que viene del único Dios, como deberían de haberlo estado, no hubieran estado motivados por el temor a unos y otros sino por el temor a Dios. Esto muestra que usted y yo podemos perdernos lo que Dios está haciendo hoy, si estamos más preocupados acerca de lo que piensa la gente, que de lo que piensa Dios. ¡Motívese por el honor y la alabanza que únicamente viene de Dios!

7. Aprecie el *fruto* del Espíritu tanto como a los *dones* del Espíritu y viceversa.

Mi observación ha sido que la gente del Espíritu tiende a enfatizar los dones del Espíritu. Algunos sienten que los dones son decididamente más importantes; deberíamos hablar de los dones, intentando hacerlo mientras hablamos en lenguas. Lo siento, pero me topo muy seguido con cristianos carismáticos que solo quieren platicar de hablar y orar en lenguas. Algunas veces dan la impresión de que están por encima de aquellos que no hablan en lenguas. Algunos de ellos incluso tienden a dar por sentado el fruto del Espíritu.

La gente de la Palabra parecer enfatizar en el fruto del Espíritu. Tienden a callar cuando se trata de los dones. ¡Parece que a algunos los pone nerviosos!

En mi libro *In Pursuit of His Glory* (Charisma House), hablo de cómo comencé a hablar en lenguas. Un pariente muy cercano le habló de esto a Louise: "Disfruté el último libro de R. T., ¿pero tenía que mencionar las lenguas?".

Para mucha gente de la Palabra, ¡hablar en lenguas es casi lo más ofensivo del planeta! En algunas denominaciones, por ejemplo, uno puede cometer adulterio, divorciarse varias veces, incluso ser masón, y será perdonado. Pero si se filtra el hecho de que habla en lenguas, inmediatamente le pondrán distancia, lo tratarán con sospecha ¡y lo mantendrán a raya indefinidamente! Desearía que no fuera cierto. Y sin embargo debemos estar dispuestos a aceptar el estigma que viene con no tener vergüenza del don de hablar y orar en lenguas. No quiero ser injusto, pero hablando personalmente, es parte del precio a pagar si queremos una mayor unción del Espíritu. Ser mantenido a raya —o incluso ser rechazado— vale la pena por una mayor unción. ¿No quisiera una mayor unción más que cualquier otra cosa en el mundo?

Capítulo cuatro

EL FRUTO DEL ESPÍRITU

*Mas el fruto del Espíritu es amor, gozo, paz,
paciencia, benignidad, bondad, fe, mansedumbre,
templanza; contra tales cosas no hay ley.*

—GÁLATAS 5:22–23

EL FRUTO —*NO frutos*— del Espíritu brota de la obediencia. El fruto del Espíritu es un requisito de todos los creyentes. Mientras que los dones del Espíritu, que exploraremos en el siguiente capítulo, son otorgados soberanamente (1 Co. 12:11, 18) y son irrevocables (Ro. 11:29), el fruto del Espíritu es lo que usted y yo estamos obligados a perseguir.

El fruto del Espíritu Santo es el efecto, el resultado de vivir la vida cristiana en obediencia. Es lo que *fluye* en aquellos que resisten "las obras de la carne", concretamente, "adulterio, fornicación, inmundicia, lascivia, idolatría, hechicerías, enemistades, pleitos, celos, iras, contiendas, disensiones, herejías, envidias, homicidios, borracheras, orgías" (Gál. 5:19–21). Los que se rinden a las obras de la carne renuncian a su herencia en el reino de los cielos (v.21).

Para ponerlo de otra forma, la persona genuinamente salva no tiene elección; el fruto del Espíritu es un mandamiento. Sin embargo, los dones del Espíritu, aunque no son ordenados, deben ser procurados. Como Pablo lo dijo: "Procurad, pues, los dones mejores". (1 Cor. 12:31). El fruto del Espíritu es una señal de obediencia; los dones son una señal del llamado de Dios a su vida.

Amor

El amor se lista primero. ¿Por qué? Posiblemente porque mostrar amor *agapē* probablemente incorporará todas las otras cualidades de la lista de Pablo. Tres palabras griegas son las que se traducen como amor: (1) *agapē* es el amor desinteresado y entregado; (2) *eros* es el amor físico; y (3) *philia* es el amor fraternal. Gálatas 5:22 usa amor *agapē*. Si usted realmente experimenta este amor, tendrá gozo, paz, paciencia, benignidad, bondad, fe, mansedumbre y templanza. Encontramos la prueba en 1 Corintios 13, en donde Pablo desentraña el significado del amor *agapē*. Una vez que usted comprende 1 Corintios 13, descubrirá que todo lo que Pablo llama "el fruto del Espíritu" está bellamente entretejido en 1 Corintios 13. He escrito una exposición de 1 Corintios 13 en mi libro *Just Love* (Christian Focus Publications).

Habiendo dicho esto, debo también exponer las dos maneras en que se manifiesta el fruto del Espíritu:

1. Espontáneamente

Por extraño que parezca, ¡algunas veces el amor simplemente erupciona! Como un géiser que arroja agua sin causa o provocación, el amor algunas veces fluye sin esfuerzo de nuestra parte. Viene fácilmente. El Espíritu Santo hace esto.

2. Como un acto de la voluntad

Por otro lado, la misma persona que experimentó este amor espontáneamente ayer, lucha hoy. ¿Qué puede hacer? Intencionalmente se fuerza para no mantener un registro de los errores; se rehúsa a señalar. Trabaja en ello. Pero *debido* a que tiene al Espíritu Santo, *puede hacerlo*. Ayer fue fácil. Hoy no lo es tanto.

¿Por qué? Creo que algunas veces el Espíritu Santo simplemente está esperando que *nosotros* hagamos el esfuerzo. Sea como sea, el resultado es demostrar a otros que usted verdaderamente muestra el fruto del Espíritu.

El tipo de amor que se lista en el fruto del Espíritu es amor sacrificial, desinteresado. Es el amor que hay detrás de que Dios enviara a su Hijo al mundo (Juan 3:16). Quizá se resume mejor en 1 Corintios 13:5: el amor "no guarda rencor". ¿Por qué guardamos rencor? Para probar que hemos pagado nuestras cuentas. ¿Por qué mantenemos un registro de las faltas? Para traer de regreso el pasado; señalar con el dedo; para hacer sentir culpable a alguien. Cuando usted experimenta amor *agapē*, no sacará a relucir el pasado culpable de nadie. Tal como Dios perdona, usted perdona. Este es el primer fruto que Pablo menciona. Las otras cualidades vienen tras el amor, de acuerdo con Pablo.

También hay ocasiones en las que el amor que es fruto del Espíritu se manifiesta aparte del acto del perdón. Hay veces en las que la paloma desciende sobre nosotros espontáneamente sin que conscientemente hayamos perdonado como acto de la voluntad. ¡Dios puede elegir aparecer cuando no estamos ni siquiera orando! Él es tanto soberano como gentil. El amor que fluye del Espíritu puede incluso experimentarse al rehusarse a rendirse a *cualquier* tentación de la carne, incluyendo la tentación sexual, la avaricia o los celos. El mismo fruto del Espíritu a menudo se manifestará a través de nuestra dignificación de una prueba. En otras palabras, en lugar de quejarnos y refunfuñar cuando repentinamente llega una prueba, nos sometemos a ella, como si hubiera "caído de arriba", como lo dice el himno "Like a River Glorious", citado más adelante.

Lo mismo se puede decir de otro fruto del Espíritu. Mientras que perdonar conscientemente a otros dará como resultado el amor, gozo y paz, podemos, sin embargo, descubrir tal fruto del Espíritu porque nuestra vida es dirigida por un Dios soberano y gentil.

Gozo

El gozo es un sentimiento interno de gran placer. La diferencia entre el gozo y la felicidad es que el gozo es interno; la felicidad viene de cosas externas que nos hacen sentir bien: una carta amable, un incremento en el sueldo, un halago. El gozo, sin embargo, es interno. Este placer fluye de rehusarse voluntariamente a señalar a alguien más. Es un acto de la voluntad.

Cuando rehúso apuntar el dedo —aunque algunas veces sea difícil— tarde o temprano el resultado es el mismo: gozo. Placer interno. Siento bien el resistirme a señalar. Es como si el Espíritu me recompensara por evitar guardar rencor. Pero, como dije antes, uno puede experimentar el gozo al resistirse a quejarse o al no ceder a ninguna tentación de la carne.

Como el amor, el gozo puede venir como un acto de la voluntad (como acabo de describir) o espontáneamente. Lo que yo experimenté hace muchos años al conducir mi auto de Palmer a Nashville fue gozo espontáneo. Es imposible de describir. Realmente fue "gozo inefable y glorioso" (1 P. 1:8). Duró bastante, pero un día —repentinamente— terminó. Después de eso tuve que obtener mi gozo de pasar por alto voluntaria, activa e intencionalmente las faltas de otros que me molestaban. O negarme a refunfuñar. O no hablar mal de otra persona, ¡incluso cuando lo que pudiera decir fuera cierto! Uno puede decir algo que puede ser cierto acerca de alguien, pero contristaremos al Espíritu si nuestra motivación es hacer quedar mal al otro.

Ahora comprende lo que quise decir cuando dije que el fruto del Espíritu algunas veces es espontáneo y algunas veces es un acto de la voluntad. No obstante, como dije, esto es debido a que usted *tiene* al Espíritu Santo que puede producir el mismo fruto como un acto de la voluntad.

Paz

Este fruto interno del Espíritu es igualmente difícil de describir. No es simplemente ausencia de ansiedad; es la innegable presencia de un profundo sentimiento de calma en el interior. Calma es quizá la mejor palabra para describirla. Es un sentimiento de dominio propio, un fruto que Pablo incluye al final de la lista. Este antiguo himno la describe asombrosamente:

Cual la mar hermosa es la paz de Dios,
fuerte y gloriosa, es eterna paz;
grande y perfecta, premio de la cruz,
fruto del Calvario, obra de Jesús.

Descansando en Cristo, siempre paz tendré.
En Jehová confiando, nada temeré.

En el gran refugio de la paz de Dios
nunca hay molestias, es perfecta paz;
nunca negra duda, pena ni pesar,
vejaciones crueles, pueden acosar.

Toda nuestra vida cuidará Jesús;
Cristo nunca cambia, Él es nuestra paz.
Fuertes y seguros en el Salvador,
siempre moraremos en su grande amor.

Oh, Señor amado, Tú nos das quietud;
de Ti recibimos celestial salud.
Haznos conocerte, te amaremos más;
sé Tú nuestro dueño, Príncipe de paz. [1]
—Frances R. Havergal (1836–1879)

Usted no puede encender la paz instantánea con un acto de la voluntad, pero puede hacer lo que conduce a ella al pasar intencionalmente por alto las faltas de otro, al rehusarse a señalar y al decir solamente a Dios —no a otros— lo que siente (Sal. 142:2).

Paciencia

La paciencia es la entereza para superar el dolor, la demora o problemas sin enojarse o molestarse. Nuevamente, algunas veces esto se da con espontánea facilidad; otras veces usted se obliga a sí mismo a no quejarse. Por eso es que Santiago dijo que debemos *tener* —atribuir a la prueba— por sumo gozo cuando caemos en varias clases de problemas (Stg. 1:2). Santiago añadió: "Mas tenga la paciencia su obra completa, para que seáis perfectos y cabales, sin que os falte cosa alguna" (v.4).

Pedro tiene su propia lista de cualidades, similar a la de Pablo, pero no en el mismo orden:

Vosotros también, poniendo toda diligencia por esto mismo, añadid a vuestra fe virtud; a la virtud, conocimiento; al conocimiento, dominio propio; al dominio propio, paciencia; a la paciencia, piedad; a la piedad, afecto fraternal; y al afecto fraternal, amor. Porque si estas cosas están en vosotros, y abundan, no os dejarán estar ociosos ni sin fruto en cuanto al conocimiento de nuestro Señor Jesucristo.

—2 Pedro 1:5–8

Este pasaje muestra que el orden de las virtudes listadas no es de suprema importancia; muestra cómo la mente de dos hombres piadosos trabaja de forma diferente. También, mientras que Pablo lista algunas de esas cualidades como "fruto" del Espíritu, Pedro coloca la responsabilidad sobre nosotros como si fuéramos responsables de tal búsqueda. El punto es que el fruto del Espíritu listado por Pablo y las cualidades listadas por Pedro son lo a que usted y a mí se nos ha ordenado mostrar.

Y como mencioné, hay una diferencia entre el *fruto* del Espíritu y los *dones* del Espíritu. A usted y a mí se nos *requiere* manifestar amor, paciencia y afecto fraternal; no se nos requiere tener el don de milagros o de discernimiento de espíritus, como veremos en el siguiente capítulo.

El escritor de Hebreos escribió a los desanimados creyentes judíos: "Os es necesaria la paciencia" (He. 10:36). ¿No todos la necesitamos? Algunas veces tal virtud fluye pasivamente sin esfuerzo; otras veces, como he estado diciendo, debemos esforzarnos para hacer estas cosas porque tenemos al Espíritu Santo.

Benignidad

Pablo dijo: "El amor es sufrido, es benigno" (1 Co. 13:4). La benignidad significa ser considerado, amigable o agradable. Hace muchos años, la iglesia católica romana de Estados Unidos estableció tres reglas para ganar convertidos:

1. Ser benigno.

2. Ser benigno.

3. Ser benigno.

He aprendido que la benignidad va mucho más lejos al ganar a la gente hacia su postura. En los días en que me reuní con Yasser Arafat (1929–2004) y algunos palestinos, con seguridad aprendí algo: nuestra *doctrina* no va a ganarlos; mostrar que nos importan los ganará. Eso es. Cuando *sientan* esto de parte nuestra, estarán más propensos a escuchar lo que tengamos que decir.

Es por eso que Santiago enfatiza tanto, especialmente,

en que "el pobre" (Stg. 2:6) no se impresionará por nuestra buena enseñanza sino porque mostremos buenas obras. Santiago preguntó: "¿Podrá la fe salvarle?" [refiriéndose al hombre pobre] (v.14). Respuesta: no, pero es más probable que nuestra benignidad lo gane.

La benignidad, entonces, es un fruto del Espíritu Santo, ¡incluso si usted deba recordarse a sí mismo ser benigno!

Bondad

Bondad significa, simplemente, ser bueno, decente, mostrar preocupación por otros. Es cuando hacemos el esfuerzo de hacer algo útil. A menudo usamos la expresión: "Es bueno que hagas eso". Es lo opuesto a ser malo, malvado o inmoral.

Lucas dice de Bernabé que era un "varón bueno" (Hechos 11:24). Para que un ser humano sea llamado "varón bueno" en las Sagradas Escrituras, uno puede subrayar que Bernabé era inusual. Aquellos que lo conocían le tenían tanto respeto que cuando todos sospechaban apasionadamente de Saulo de Tarso —incluso después de su conversión—, Bernabé fue capaz de provocar que otros lo aceptaran (Hechos 9:27). Los discípulos fueron llamados cristianos por primera vez en Antioquía cuando Bernabé estaba ahí (Hechos 11:26).

Cuando fui por primera vez a la Universidad Nazarena de Tevecca en Nashville en 1953, recuerdo haber ido a una tienda a comprar algo. Me di cuenta de que olvidé llevar dinero. El gerente de la tienda dijo: "¿Mencionó que era de Trevecca?". Le respondí afirmativamente. "Entonces tiene buen crédito aquí. Sabemos que todas esas personas son buenas". ¡Qué reputación!

Fe (Fidelidad)

"Pero hombre de verdad, ¿quién lo hallará?" (Prov. 20:6). Cité ese versículo en mi primer sermón predicado el 2 de diciembre de1954, en Nashville. Mi título era "La fidelidad de Dios", con el pasaje "grande es tu fidelidad" (Lm. 3:23). La *fidelidad* significa confianza, lealtad, tener integridad. Un marido que es fiel es aquel que evita la actividad sexual con otra mujer. Sí, un hombre fiel, ¿quién lo hallará? Tome la lealtad, por ejemplo. He llegado a la conclusión de que no hay forma en que uno puede conocer por adelantado si una persona será leal. No conozco ninguna prueba que nadie pueda hacer, ni preguntas en una entrevista que ayuden a determinar si una persona será fiel. Un líder necesita un asistente que sea leal; una esposa necesita un esposo que sea fiel; una persona que es rica necesita una persona junto a él o ella que no solo tenga sabiduría, sino que sea confiable.

En cualquier caso, el fruto del Espíritu resulta en que la persona tenga la rara cualidad de la integridad. Piense en esto por un momento. Una persona que sigue al Espíritu Santo no engañará, mentirá o traicionará. Sin embargo, tristemente, se descubre que muchos líderes de iglesias hoy no tienen integridad financiera o no son fieles sexualmente. Cualquier otra cosa que esto indique, muestra que tal persona carece del fruto del Espíritu. Si todos los cristianos obedecieran constantemente al Señor mostrando el fruto del Espíritu, ¡no habría infidelidad, inmoralidad sexual, deslealtad o desconfianza en la Iglesia!

Mansedumbre

Mansedumbre viene de una palabra griega que significa apacible y algunas veces se traduce como "docilidad".[2] Lo gracioso es que, en el mundo greco-romano ¡esa no era una cualidad que fuera admirada! Muy al contrario; los griegos la consideraban como ser cobarde y débil.

La fe cristiana, sin embargo, se ha apoderado de esta palabra para hacerla algo no solamente digno de ser admirado sino buscado. Jesús dijo: "Bienaventurados los mansos" (Mt. 5:5). Docilidad significa que no estará a la defensiva si alguien habla contra usted. Tomará la crítica rindiéndose. Dará la otra mejilla.

Mansedumbre, entonces, significa ser apacible o tierno. El amor "no se enoja fácilmente" (1 Co. 13:5, NVI), no es "irritable". Jesús dijo de sí mismo: "soy manso y humilde de corazón: (Mt. 11:29). Moisés era "era muy manso, más que todos los hombres que había sobre la tierra" (Ni. 12:3). La docilidad no es una cualidad que los antiguos griegos admiraran. En el mundo de hoy, ¡definitivamente no es la manera en que se ganarían elecciones políticas! Sin embargo, es un fruto del Espíritu Santo, y si usted y yo seguimos al Espíritu con todo nuestro corazón, mostraremos este fruto de mansedumbre.

Dominio propio

Dominio propio viene de la palabra griega *egkrateia*. Denota "la virtud de uno que domina sus deseos y pasiones, especialmente sus apetitos sensuales".[3] Se estima que fue una virtud cardinal de Sócrates (c. 470–399 a. C.). Para Filón (c. 20-50) significaba superioridad sobre cada deseo. Se expresaba en control, relacionado al sexo, a la comida y al uso de la lengua. Pablo lo usó con respecto a un atleta: "Todo aquel que lucha, de todo se abstiene" (1 Cor. 9:25).

El hecho de que sea un fruto del Espíritu Santo es desafiante para la mayoría de nosotros. Todos necesitamos dominio propio, ya sea con respecto a una dieta, ejercicio, ver televisión o tomar tiempo libre cuando trabajamos muy arduamente. Debido a que tenemos al Espíritu Santo, dice Pablo, podemos controlar cuando comemos, si nos ejercitamos, resistir la tentación o rendirnos al placer. Es sorprendente que no veamos esta palabra más a menudo. No está en los cuatro Evangelios. ¡También es notable que Pablo menciona este fruto al final de su lista! ¡Debió ponerla al inicio!

La versión King James de la Biblia erróneamente traduce el griego como "templanza", lo cual trae a la memoria el antiguo movimiento contra la legalización del alcohol en los Estados Unidos. No deje que eso le confunda y lo lleve a pensar que se trata de evitar el alcohol. El fruto del Espíritu nos capacita para resistir el excedernos en *cualquier cosa* —cualquier hábito o tentación— que milita contra la piedad.

Habiendo dicho todo lo anterior, ¿cómo se siente? ¿Manifiesta usted el fruto del Espíritu? Lea Gálatas 5:22–23 nuevamente:

> Mas el fruto del Espíritu es amor, gozo, paz, paciencia, benignidad, bondad, fe, mansedumbre, templanza; contra tales cosas no hay ley.

No somos responsables por tener los dones del Espíritu, pero —le guste o no — somos responsables por tener el fruto del Espíritu.

Ahora nos volveremos hacia los dones del Espíritu.

Capítulo cinco

Los dones del Espíritu

Pero a cada uno le es dada la manifestación del Espíritu para provecho. Porque a éste es dada por el Espíritu palabra de sabiduría; a otro, palabra de ciencia según el mismo Espíritu; a otro, fe por el mismo Espíritu; y a otro, dones de sanidades por el mismo Espíritu. A otro, el hacer milagros; a otro, profecía; a otro, discernimiento de espíritus; a otro, diversos géneros de lenguas; y a otro, interpretación de lenguas.

—1 Corintios 12:7–10, 28

MIENTRAS QUE TODOS los creyentes tienen el mandato de manifestar el *fruto* del Espíritu, los *dones* del espíritu son conferidos soberanamente por Dios a varias personas del cuerpo de Cristo. No obstante, si usted cree que está exento de desear seriamente los dones del Espíritu, yo le respondo: si usted no los *quiere*, me pregunto si usted tiene al Espíritu Santo en lo absoluto. Creo firmemente que, si usted tiene al Espíritu Santo, va a dar la bienvenida a procurar el *fruto* del Espíritu. De la misma forma, si tiene al mismo Espíritu Santo en usted, tomará muy en serio las palabras de Pablo: "ambicionar" los *dones* del Espíritu: (1 Cor. 12:31, NVI).

La palabra griega *zēloō* significa "arder con celo" o "estar celoso".[1] Pablo usa esta palabra en 1 Corintios 12:31 para instruirnos a ser celosos en anhelar los dones del Espíritu. Hay un debate entre eruditos de si *zēloō* está en modo imperativo (significando un mandato) o si está en presente, reconociendo así lo que estos corintios ya ambicionaban. De cualquier modo, muestra lo que la gente del Espíritu desea, ¡o debería desear!

El fruto del Espíritu es una demostración al mundo de que somos diferentes de él. El mundo no sabe nada del amor *agapē*, del gozo interior y la paz, por no mencionar el dominio propio. Los dones del Espíritu son conferidos para nuestra *efectividad* en el mundo, pero también para *edificación* del cuerpo de Cristo. Los dones son para el "provecho" de la Iglesia (1 Co. 12:7).

En mi libro *Fuego santo* refuto el concepto de que los dones del Espíritu "cesaron" (nadie sabe cuándo) hace siglos por decreto de Dios. Si eso fuera así, ¡el fruto del Espíritu también hubiera cesado! Afortunadamente ninguno cesó. Si Jesucristo es el mismo ayer, hoy y por los siglos (He. 13:8), así también el Espíritu Santo, el mismo ayer, hoy y por los siglos. Dios es el mismo. Él no cambia (Mal. 3:6). Los mandamientos de las Escrituras no cambian. Todos somos responsables de ellos.

Por ejemplo, cuando un nuevo cristiano comienza a leer la Biblia, ¡él o ella la leerá pensando que Dios aún es todopoderoso y puede hacer y hace cualquier cosa! ¡Qué triste cuando alguien dice a un nuevo convertido: "¡Ah, por cierto, no puedes creer toda la Biblia!". ¡Los liberales dicen eso!

¿Por qué es que la gente de la Palabra enfatiza el fruto del Espíritu, pero parece intimidarse al hablar de los dones? Respondo nuevamente: debido a las lenguas. Eso es. Nada más. Si no hubiera mención de las lenguas en 1 Corintios 12, nunca hubiera habido enseñanza cesacionista. Las lenguas son en donde radica la ofensa. Mi colega Charles Carrin dice: "Es el único don que desafía nuestro orgullo". No hay estigma cuando se trata de otros dones: sabiduría, conocimiento, fe, milagros, profecía. ¿Quién no daría la bienvenida a alguno de esos? Pero debido a las *lenguas* —que pueden ser tan vergonzosas— ¡uno tiene que eliminar esos grandes dones! Y son los grandes dones —los "dones mejores" (1 Co. 12:31), los que debemos procurar con seriedad.

Alguien sin duda dirá: "Dado que el don de lenguas está en el final de la lista, eso muestra que no es importante". Error. Acabamos de ver que el dominio propio está al final de la lista de Pablo del fruto del Espíritu, ciertamente un fruto muy importante. Concuerdo con que la sabiduría es un mejor don que las lenguas, pero *todos* los dones listados son importantes y valiosos.

Yo digo a cualquiera que quiera tanto del Espíritu como

pueda obtener: *¡esté dispuesto a comenzar desde el final —en donde se encuentra el estigma— si real y verdaderamente quiere más del Espíritu Santo!* ¿Quiere el don de sabiduría? ¡Esté dispuesto a comenzar desde abajo! ¿Quiere el don de sanidad? Prepárese para comenzar desde el fondo si verdaderamente ambiciona los dones del Espíritu Santo como la Palabra de Dios le instruye.

Sabiduría

Este don es el primero en la lista de Pablo, y es "declaración de sabiduría" (1 Co. 12:8). La versión Reina Valera 1960 dice "palabra de sabiduría". Si es un otorgamiento permanente o si es algo que puede darse solo en una ocasión, cualquiera de los dos es posible. En otras palabras, algunos pueden tener un don permanente y siempre mostrar sabiduría en lo que dicen. Otros pueden tener una única declaración de sabiduría cuando se requiere. *Declaración* viene de *logos*: palabra.

¡Es interesante que la sabiduría no sea un fruto del Espíritu! También es interesante que los siete diáconos originales fueran hombre "llenos de Espíritu *y* de sabiduría" (Hechos 6:3, énfasis añadido), sugiriendo que una persona puede ser llena del Espíritu y no obstante no tener sabiduría. Este concepto no me sorprende; ¡he visto gente que era llena del Espíritu, pero nada sabia!

La sabiduría, entonces, es un don del Espíritu. No obstante, muy aparte de ser un don del Espíritu Santo, la sabiduría se nos ofrece a todos. Se nos dijo que oráramos por sabiduría, de acuerdo con Santiago 1:5. Además, de acuerdo con Proverbios 9:10, el camino a seguir para la sabiduría es "el temor del Señor". No tiene nada que ver con el cociente intelectual de uno o su estatus.

La palabra griega es *sophia*,[2] que los antiguos griegos enseñaban estaba fuera del alcance de la gente ordinaria. Solo los "dioses" —Platón, Sócrates y Aristóteles— podrían tener *sophia*. ¡Los antiguos griegos fueron cesacionistas antes de tiempo! Sin embargo, el Nuevo Testamento ofrece sabiduría para *todos*. La sabiduría es tener la presencia de la mente del Espíritu. Es saber qué hacer a continuación, el siguiente paso en lo que Dios tiene en mente para usted. Es visión anticipada 20/20. Todos tenemos visión retrospectiva 20/20 ("¡Si tan solo hubiera hecho eso!"), pero si tiene la mente del Espíritu Santo, hará las cosas bien por anticipado.

La sabiduría es el don fundamental y supremo. *Obténgalo*, "sobre todas sus posesiones" (Prov. 4:7). Uno podría argumentar que la primera referencia a la oración en el Nuevo Testamento es orar por sabiduría. Digo esto porque Santiago fue probablemente el primer libro del Nuevo Testamento en ser escrito (40-50 a. C.). Él inmediatamente dice: "Y si alguno de vosotros tiene falta de sabiduría, pídala a Dios" (Stg. 1:5). Deberíamos, por lo tanto, orar por el don de sabiduría y desearlo por sobre todos los dones.

> Engrandécela, y ella te engrandecerá;
> Ella te honrará, cuando tú la hayas abrazado.
> Adorno de gracia dará a tu cabeza;
> Corona de hermosura te entregará.
> —PROVERBIOS 4:8–9

Es el más alto, más grande y más importante de los dones. Los apóstoles lo tuvieron en la iglesia primitiva y lo requirieron en los siete diáconos originales. Pablo lo lista en primer lugar cuando menciona los dones del Espíritu Santo.

Conocimiento

Se le conoce como "palabra de ciencia" en la versión Reina Valera 1960, "palabra de conocimiento" en la Biblia de las Américas, y "mensaje de conocimiento especial" en la Nueva Traducción Viviente.

La frase "palabra de conocimiento" se ha hecho muy popular entre muchos creyentes carismáticos. Usando el lenguaje de la versión King James o La Biblia de las Américas, correcta o incorrectamente, a menudo se refieren a la "palabra de conocimiento" en forma muy similar a como se refieren a una palabra profética. No estoy diciendo que sea incorrecto aplicar la frase "palabra de conocimiento" en una manera muy similar al don de profecía. Muchos de los dones del Espíritu comparten frontera entre ellos, como la sanidad y los milagros.

Hay una diferencia entre sabiduría y conocimiento. El conocimiento definitivamente no necesariamente es sabiduría. La gente puede tener un extraordinario conocimiento, pero dolorosamente carece de sabiduría. La sabiduría es la forma en que usted *usa* o *aplica* el conocimiento que tiene. El conocimiento puede ser un almacén de hechos o información. Algunas personas conocen muchos hechos; algunas tienen mucha información. ¿Puede ser esta la correcta comprensión de la palabra de conocimiento? Posiblemente. Dios podría en un momento de necesidad llamar a tal persona y darle una palabra oportuna basada en años de estudio.

Deberíamos conectar todos estos dones con el concepto de "gracia común": gracia especial en la naturaleza. Toda la humanidad tiene un nivel común de gracia. Se le llama "común" no porque sea ordinaria sino porque es dada comúnmente a todos, sea que se sean salvos o no. La gracia común se refiere a las habilidades naturales que usted recibió en la forma en que Dios lo hizo, ya sea que se convierta o no en cristiano. Al nivel de la gracia común se encuentra su inteligencia, su capacidad de adquirir conocimiento, memoria y las tendencias genéticas que heredó de sus padres.

Es mi observación que los dones del Espíritu algunas veces se conectan con las habilidades naturales de uno. Por ejemplo, una vez redimida a través de la salvación en Cristo, la gente que tiene una astucia natural o buen juicio probablemente van a tener el don de sabiduría. En otras palabras, si una persona naturalmente inteligente se vuelve cristiana, no será de sorprenderse que él o ella tenga el don de la palabra de sabiduría. Es lo mismo con el don de la palabra de conocimiento.

La palabra *conocimiento* viene de *gnosis*, algunas veces refiriéndose al conocimiento revelado y en contraste con *oida*, que generalmente significa el conocimiento de los hechos.[3] *Gnosis* podría encajar bien con la forma en que a menudo usan "palabra de conocimiento" los carismáticos. Algunas veces tienen palabras de conocimiento reveladas a ellos por el Espíritu.

¿Podía una palabra de conocimiento referirse al intelecto de una persona y a la riqueza de conocimiento? Posiblemente. Una persona muy culta pero llena del Espíritu puede tener un mensaje de conocimiento basado en lo que ya han acumulado a través de los años Eso podría mostrar cómo la gracia común figura en los dones. Una persona con un vasto conocimiento de la Biblia pudiera también dar una palabra de conocimiento, ya sea de forma personal o desde un púlpito a muchos.

Para resumir: el don de la palabra de conocimiento puede tener más de un significado y más de una aplicación.

Fe

Este don del Espíritu puede ser desconcertante. Si somos justificados —salvados— por fe, ¿por qué Pablo lista la fe como un don del Espíritu?

Hay dos tipos de fe, hablando en general. Primero, está la fe que salva. Este tipo de fe justifica; redime. Esta fe le asegura un hogar en el cielo cuando muera. Llega al transferir la confianza que una vez tuvo en sus buenas obras hacia lo que Jesús hizo por usted a través de su muerte. Es cuando usted cree que es salvo únicamente a través de Cristo.

Segundo, está la fe persistente. Esta fe le lleva hacia su herencia. Todos los cristianos están llamados a recibir su herencia. Algunos lo hacen, otros no. Aquellos que lo hagan no solo recibirán una herencia en esta vida, sino que también recibirán una recompensa en el tribunal de Cristo (1 Co. 3:14; 2 Co. 5:10). Aquellos que no persistan en la fe no solo destruirán la herencia que pudieron haber tenido en la tierra, sino que perderán la recompensa en el tribunal de Cristo (1 Co. 3:15).

Aquellos que se describen en Hebreos 11 son hombres y mujeres con fe persistente. Hebreos 11 no trata acerca de la fe salvadora; trata acerca de la gente que perseveró y logró grandes cosas para Dios, aquellos "de los cuales el mundo no era digno" (v. 38).

¿Qué tipo de fe lista Pablo con los dones del Espíritu? No es la fe que salva; él está escribiendo a cristianos que ya son salvos. Definitivamente podría ser la fe persistente tal como la fe que describe a Abraham, Isaac, Jacob, José, Moisés y otros.

Sin embargo, creo que hay una tercera categoría para este don dado como don del Espíritu, una fe dada para una circunstancia especial o una situación particular. Usted podría recibir fe de que alguien por quien está orando será salvo. Pudiera recibir fe para una oración respondida: "Y si sabemos que él nos oye en cualquiera cosa que pidamos, sabemos que tenemos las peticiones que le hayamos hecho" (1 Juan 5:15). Ese es un gran "si", saber que el Altísimo nos ha escuchado. Pero Dios puede otorgarle a usted esta fe para una ocasión especial.

George Müller (1805–1898) de Bristol, Inglaterra, fue conocido como un "hombre de fe". Él vivió por fe, observando a Dios diariamente, mes tras mes, enviando fondos y comida para el orfanato que fundó. Curiosamente, ¡él negó tener el don de fe! Creo, sin embargo, que lo tenía.

El Dr. Lloyd-Jones me habló de un hombre que recibió una fe inusual —o quizá fue una palabra de conocimiento— durante el Avivamiento de Gales en 1904. El hombre tenía un ministerio con los pobres y desposeídos. Durante el momento más fuerte del Avivamiento de Gales, a este hombre le fue dada palabra de conocimiento de la cantidad exacta de gente sin casa a quien él serviría el desayuno al día siguiente, y la comida siempre llegó en la cantidad exacta.

Cuando el Avivamiento de Gales se apagó, el hombre dejó de experimentar este fenómeno. El Dr. Lloyd-Jones lo conoció y tuvo que darle consejo. El hombre entró en depresión; temía haber hecho algo incorrecto que causó que esto se detuviera.

El don de fe probablemente es mejor comprendido como un don especial para una ocasión especial.

Sanidad

Definitivamente todos podríamos desear este don. Mientras escribo estas líneas, mi esposa, Louise, está esperando una segunda operación en la espalda, un disco herniado. El dolor que ha experimentado es el peor en nuestros sesenta años de matrimonio. He orado por ella docenas y docenas y docenas de veces. No ha habido sanidad.

Sin embargo, en una ocasión distinta, puse mis manos en las sienes de una mujer escocesa a la que nunca había visto antes y a solicitud de ella, oré por ella. Me escribió meses después para decir que había tenido dolores de cabeza sinusales por cinco años, y que el día que oré por ella había padecido el peor día de su vida. "Cuando oró, no sentí nada", escribió. "Pero unas pocas horas después me di cuenta de que el dolor se había ido y nunca regresó". ¿Significa eso que tengo el don de sanidad? No. ¡Ni siquiera tenía fe en su sanidad! Tampoco sentí nada. Tenía prisa. Me detuve a orar por ella por cortesía, pero Dios invalidó mi falta de fe y sanó a esta mujer.

Quizá para este momento usted vea que hay un elemento de misterio en los dones del Espíritu. ¡No comprendo plenamente ninguno de ellos! Podemos hacer lo mejor que podamos para comprender lo que el Espíritu Santo está enseñando. He aprendido esto: *no intente descifrar a Dios*.

¿Tienen algunas personas el don de sanidad permanente? Posiblemente. Oral Roberts (1918–2009) —con quien me reuní tres veces en su casa en California— es quien más se aproxima a cualquiera que yo conozca que tuvo ese don. No hay duda de que hay miles de personas de bajo perfil que tienen —al menos a veces— un don de sanidad. Es un misterio.

Aquellos pocos que han sido sanados a través de mi ministerio —hasta ahora— fueron una completa sorpresa para mí. En ninguna ocasión en la que he orado por personas "sentí" fe de que Dios los sanaría. La conversión más espectacular de mi ministerio en la Capilla de Westminster (una mujer musulmana de Turquía que entonces vivía en Londres) fue sanada de cáncer de garganta a los pocos días de que oré por ella. ¡Ni siquiera recuerdo haber orado por ella! Ella me lo dijo.

El hacer milagros

Este don es igualmente misterioso. ¿Se refiere a sanidad o a un milagro repentino de naturaleza espectacular, como el de una persona liberada de posesión demoniaca? Mi amigo Charles Carrin cuenta de una ocasión cuando un peligroso frente de tormenta —un tornado potencial— se dirigía hacia Florence, Alabama, mientras él estaba predicando ahí en un servicio. Oró para que la tormenta evitara el edificio de la iglesia. Momentos después de que Charles oró, la tormenta se dividió —la mitad se fue hacia el sur, la mitad hacia el norte— evitando completamente las instalaciones de la iglesia. La tormenta dividida se juntó nuevamente del otro lado del edificio de la iglesia. Esta actividad apareció en la pantalla del radar, y la gente todavía habla de ellos. Ese evento seguramente califica como un milagro.

Algunas veces a las sanidades también se les llama milagros. Las sanidades sobrenaturales son milagros, pero no todos los milagros son sanidades.

En mi libro *Fuego santo*, relaté una experiencia que tuve relacionado a la posesión demoniaca, que compartiré aquí. Un nuevo converso llamado Tony reveló que había asistido a una misa negra. Afirmaba que sentía navajas que cortaban su estómago. Aprovechando la sabiduría del Dr. Lloyd-Jones, comencé a decir: "Jesucristo ha venido en carne, Jesucristo ha venido en carne, Jesucristo ha venido en carne" varias veces hasta que se vio totalmente aterrorizado. Luego dije: "En el nombre de Jesucristo, sal de él y ve al lugar que se te designe y no regreses". Tony cayó y quedó totalmente sin fuerzas. Le ayudé a caminar hacia donde se pudiera sentar. Varios minutos después, Tony caminó por sus propias fuerzas, y su semblante cambió de gris cenizo a un color normal. "No sé lo que hizo, pero me sentí muy bien en mi interior", me dijo.

En otra ocasión confronté al demonio cuando oré por un hombre que no podía dormir bien. Dijo que su madre era bruja; no había tenido una noche de sueño decente en veinticinco años. "Ese espíritu se la pasa sacándome de la cama", dijo. Un diácono y yo lo ungimos con aceite y oramos. No intentamos expulsar al demonio. No sentí nada.

Sin embargo, el siguiente domingo dijo: "Dormí tres noches seguidas esta semana. ¿Puede hacerlo otra vez?". Oramos por él nuevamente. Regresó al siguiente domingo declarando que había tenido siete noches seguidas de sueño, y agregó: "Dormí como bebé".

Esperé seis meses antes de pedirle que diera su testimonio, tristemente a causa de mi falta de fe. Su caso probablemente fue el de liberación de demonios, pero no estoy seguro cómo clasificarlo. Lo llamaré milagro, y me gustaría ver esta clase de cosas más seguido.

Profecía

Este don es uno de los que Pablo quería especialmente que los corintios tuvieran. "Seguid el amor; y procurad los dones espirituales, pero sobre todo que profeticéis" (1 Co.

14:1). El don de profecía es la habilidad de descubrir la voluntad de Dios para la iglesia en un momento dado. No es una invitación para ser otro Elías, Isaías o Jeremías. Los apóstoles fueron sucesores de esos grandes hombres del Antiguo Testamento. Hay niveles de profecía, lo cual explicaré mejor en el último capítulo.

No quiero decir que Dios no pueda levantar vasijas soberanas —diferentes a los apóstoles— que tengan un don especial de declarar la inmediata palabra de Dios. Lucas menciona que Agabo (Hechos 11:27, 28; 21:10–12) tenía el don de profecía. Sin embargo, debo señalar también que la profecía de Agabo relacionada a Pablo al ir a Jerusalén, aunque se cumplió en lo general, no fue cumplida en todo detalle. Este mero hecho es una fuerte pista de que no se esperaba que la profecía en el Nuevo Testamento estuviera al mismo nivel que la de los profetas canónicos del Antiguo Testamento.

El don de profecía en el Nuevo Testamento era para la iglesia local. Cuando la gente se juntaba para adorar, algunos ofrecían palabra profética que edificaba el cuerpo de Cristo. Los corintios cometieron el error —a menudo repetido hoy— de pensar que hablar en lenguas lo era todo. Los corintios disfrutaban hablar en lenguas que nadie comprendía. Pablo los reprendió profundamente, al declarar: "prefiero hablar cinco palabras con mi entendimiento, para enseñar también a otros, que diez mil palabras en lengua desconocida" (1 Co. 14:19).

Debemos probar cualquier palabra profética. "No menospreciéis las profecías. Examinadlo todo; retened lo bueno" (1 Ts. 5:20, 21).

A menudo hubo tiempos difíciles cuando estuvimos en

la Capilla de Westminster. Una situación tuvo que ver con nuestra familia; ciertas personas de la iglesia habían sido crueles con respecto a nuestros hijos. Un domingo por la mañana Louise fue a la capilla con gran pesadumbre en el corazón. Tan pronto como llegó, una mujer nigeriana llamada Grace, que había estado esperándola, vino a ella con una palabra profética. Le dijo *una sola palabra*, una palabra que Louise supo inmediatamente que provenía del Señor. Le dio un tremendo consuelo.

Esto es un ejemplo del don de profecía en la Iglesia.

Discernimiento de espíritus

Distinguir entre espíritus significa principalmente conocer la diferencia entre el Espíritu Santo y un espíritu demoniaco.

Esta es una advertencia oportuna de que estamos en una guerra contra Satanás. Él odia a Jesucristo, su principal enemigo, y también a aquellos que están *en* Cristo. Satanás tiene nuestro número y hará *cualquier cosa* para sacudirnos, desviarnos, engañarnos u oprimirnos. Es importante por lo tanto conocer al enemigo. Sin embargo, usted debe conocer lo auténtico antes de poder reconocer la falsificación.

Este don es valioso. Necesitamos ser capaces de ver lo que es real y genuino y lo que no lo es. Como expliqué en *Pigeon Religion*, la paloma torcaza es el símbolo auténtico del Espíritu Santo; la paloma común es la falsificación. Recuerde, las palomas torcazas y las palomas comunes son de la misma familia. Anatómicamente son idénticas, pero temperamentalmente son distintas. He escuchado a gente que dice: "El Espíritu Santo descendió", pero cuando llego al fondo de ello, algunas veces es lo que llamo "religión de paloma común". Vale la pena mencionar que la religión de paloma común puede ser una falsificación carnal y no necesariamente demoniaca.

La primera tarea, entonces, es ser capaz de reconocer al verdadero Espíritu Santo. Es el verdadero Espíritu de Dios, la tercera persona de la Trinidad. Creo que muchos cristianos sinceros inmediata y apresuradamente se enfocan en lo demoniaco al aplicar este particular don del Espíritu. No cometa este error. Nuestra primera responsabilidad es ser capaces de conocer y discernir la *verdadera presencia de Dios*. Como dije, debemos conocer lo *real* antes de poder reconocer la falsificación. Es un gran error enfocarse en la falsificación y convertirse en "experto" en demonología. He conocido gente que se la viven con libros acerca de lo oculto, brujería y demonios. Tales personas me dan la impresión de no ser muy espirituales o piadosas.

Juan dijo: "probad los espíritus si son de Dios" (1 Juan 4:1). Dio esta instrucción porque hay falsos profetas alrededor. "Todo espíritu que confiesa que Jesucristo ha venido en carne, es de Dios" (v. 2). Cuando me pidieron que diera mi opinión acerca de la Bendición de Toronto, un avivamiento que tuvo lugar en la iglesia Vineyard del Aeropuerto de Toronto en 1994, comencé con 1 Juan 4:1-4. Como mostraré más adelante, me pareció obvio que lo que ocurría en la iglesia de Toronto era el verdadero Espíritu Santo: la gente ahí —desde John Arnott hasta el liderazgo— pasó esta prueba.

Usted puede preguntarse: "Pero, R. T., ¿no puede haber mucho de la 'carne' en tales movimientos de Dios?" Sí. Incluso si uno discierne que el Espíritu Santo está verdaderamente obrando, uno puede esperar que esté presente la "carne". Siempre lo está, como en el caso del Gran

Avivamiento del siglo XVIII. Incluso George Whitefield (1714–1770), uno de los principales líderes en el movimiento del Espíritu, tristemente dijo cosas que eran de la carne.

Habiendo dicho esto, la primera tarea es conocer cómo discernir el Espíritu Santo de Dios. Si uno tiene la habilidad de reconocer al Espíritu Santo, se vuelve relativamente fácil discernir lo demoniaco. El contraste será obvio. No obstante, si comienza a intentar detectar lo demoniaco, puede perderse de ver lo que está sucediendo. Puede comenzar con una comprensión sólida y profunda de la persona y la presencia del Espíritu Santo. Entonces lo demoniaco —si está presente— se manifestará prominentemente.

Sin embargo, tener la habilidad de ver lo demoniaco no significa que uno también tenga el don de expulsar demonios. Expulsar demonios algunas veces es un don separado, posiblemente bajo el don relacionado a los milagros. Hablo más de esto en mi libro *Fuego santo*, relatando unos detalles de cuando personalmente expulsé un demonio. Pero debo decir también que solo lo he hecho una vez (hasta ahora).

Diversos géneros de lenguas

Lengua —que significa lenguaje—es una traducción de la palabra griega *glossa*. El movimiento carismático moderno comenzó en la década de 1960. Como mostraré más adelante, fue conocido inicialmente como el "movimiento de la glossolalia", debido al énfasis en hablar en lenguas.

Hasta 1960, eran principalmente pentecostales, teniendo su origen en el avivamiento de la calle Azusa en Los Ángeles (1906), los que se relacionaban con hablar en lenguas. Se hallaban principalmente en la iglesia Elim (una denominación pentecostal con base en el Reino Unido), las

Asambleas de Dios, la Iglesia de Santidad Pentecostal, la Iglesia de Dios, y la Iglesia de Dios de la Profecía.

El "movimiento carismático" como fue llamado, comenzó décadas después cuando un número creciente de iglesias en las principales denominaciones repentinamente encontraron y abrazaron lo que se pensaba que eran experiencias pentecostales. El nuevo movimiento incluyó a episcopales, bautistas, presbiterianos, reformados y otros, incluyendo católicos romanos. La palabra *carismático* viene de la palabra griega *charismata*, que significa "dado por gracia".[4] Como el nombre lo indica, a *todos* los dones del Espíritu —no solamente las lenguas— se les dio reconocimiento en el nuevo movimiento.

"Diversos géneros de lenguas", entonces, significa diferentes lenguajes (1 Co. 12:10). La inauguración de este don vino el día de Pentecostés cuando 120 discípulos fueron llenos del Espíritu Santo y "comenzaron a hablar en otras lenguas, según el Espíritu les daba que hablasen" (Hechos 2:4). Fueron bautizados con el Espíritu Santo como Jesús lo había anunciado: "vosotros seréis bautizados con el Espíritu Santo dentro de no muchos días" (Hechos 1:5).

Por esta razón la mayoría de los pentecostales y carismáticos mantienen que uno debe hablar en lenguas si es bautizado con el Espíritu; que si usted no habla en lenguas, no ha sido bautizado con el Espíritu. Pero no todos estamos de acuerdo con eso. Estoy convencido de que lo que me sucedió el 31 de octubre de 1955 fue el bautismo del Espíritu Santo. Sin embargo, unos cuatro meses después comencé a hablar en lenguas. Hablo más de esto en *Fuego santo*.

Dicho eso, los 120 discípulos hablaron en "otras lenguas",

idiomas que no eran el suyo. Además, gente de naciones extranjeras *escuchó* a los discípulos hablar en *sus* lenguas. "cada uno les oía hablar en su propia lengua" (Hechos 2:6). Fue un milagro doble: ¡hablaron en otras lenguas y fueron escuchados por extranjeros en su propio idioma!

Ha habido mucha discusión acerca de si la persona que recibe un "lenguaje celestial" experimenta exactamente lo que sucedió con los 120 en el día de Pentecostés. Algunos dicen que sí, otros que no. Yo me inclino por lo segundo, porque el "lenguaje celestial" es casi siempre un caso de hablar sonidos ininteligibles que nadie comprende. Aunque el fenómeno de las lenguas definitivamente comenzó en Pentecostés, no parece que orar en el Espíritu —cuando uno "no habla a los hombres, sino a Dios"— sea lo mismo, "pues nadie le entiende, aunque por el Espíritu habla misterios" (1 Co. 14:2).

Es por eso que Pablo habla de "diversos géneros de lenguas". Veo al menos tres posibilidades: (1) uno habla alguna lengua *conocida*, al menos para algunas personas en algún lado del planeta; (2), es un lenguaje único, nadie comprende a la persona, que es a lo que se refiere 1 Corintios 14:2; o (3) es un lenguaje angélico, literalmente el lenguaje no traducido de los ángeles. Esto puede ser por lo que Pablo se refiere a "lenguas humanas y angélicas" (1 Co. 13:1). Mi mayor bendición viene de saber que, aunque no sé lo que estoy diciendo, el Espíritu se encarga e intercede de acuerdo a la voluntad de Dios. Pablo habla de esto:

Admito tener curiosidad acerca de lo que debo de estar diciendo cuando oro en lenguas (lo cual hago a menudo). Pablo dice uno "por el Espíritu habla misterios" (1 Co. 14:2). Mi mayor bendición viene de saber que, aunque no sé lo que estoy diciendo, el Espíritu se encarga e intercede de acuerdo con la voluntad de Dios. Pablo habla de esto:

> Y de igual manera el Espíritu nos ayuda en nuestra debilidad; pues qué hemos de pedir como conviene, no lo sabemos, pero el Espíritu mismo intercede por nosotros con gemidos indecibles.
>
> —ROMANOS 8:26, 27

Un amigo mío estudió con el Dr. Bruce Metzger (1914–2007), un profesor del Seminario Teológico de Princeton y uno de los más grandes eruditos del griego y de los críticos textuales de nuestro tiempo. Mi amigo le preguntó al Dr. Metzger: "¿En Romanos 8:26, 27 se estaba refiriendo Pablo a orar en lenguas?".

Metzger —presbiteriano y probablemente cesacionista— replicó: "Por supuesto que sí".

Interpretación de lenguas

Este don implica que *hay* interpretación de cualquier lengua hablada por el poder del Espíritu Santo. En otras palabras, hablar u orar en lenguas no es sin sentido. Algunas personas son capacitadas por el Espíritu para hablar en varias lenguas; otras son capaces de interpretar lo que estas dijeron. Pablo amonesta a los corintios a no hablar en lenguas en una reunión donde los visitantes pueden no tener una pista de lo que se dijo. Si uno habla en lenguas públicamente, está bien, es decir, mientras alguien tenga la interpretación.

> Si habla alguno en lengua extraña, sea esto por dos, o a lo más tres, y por turno; y uno interprete. Y si

no hay intérprete, calle en la iglesia, y hable para sí
mismo y para Dios.

—1 Corintios 14:27, 28

El problema que sucede a menudo es cuando la gente
da su propia interpretación al mensaje en lenguas que ellos
mismos acaban de hablar. Esto puede parecer benigno,
pero es sospechoso. No era lo que Pablo tenía en mente.
Él quería que alguien que tenía el don de interpretación
interviniera e interpretara. Cuando la misma persona da la
interpretación, carece de credibilidad y autenticidad.

Había un dulce anciano que venía a la Capilla de Westminster los domingos por la tarde y hablaba una lengua
—por menos de un minuto— durante la comunión. La
primera vez que lo hizo parecía inofensivo. Pero en el
siguiente servicio de comunión lo hizo otra vez. Y otra vez.
Y otra vez. Lo curioso era que la interpretación siempre era
la misma, algo como esto: "Así ha dicho el Señor: Yo estoy
contigo, te guiaré, te bendeciré, te cuidaré", o algo como
eso. Cada vez. La gente comenzó a sentirse intimidada en
el servicio de comunión porque temían que este hombre se
pusiera en pie e hiciera lo mismo otra vez. No edificaba a
nadie. Finamente hablé amablemente con él respecto a que
hablar de esa manera no edificaba a la gente. Se ofendió
profundamente y nunca más regresó.

El pastor Jack Hayford cuenta la historia de estar en un
avión cuando se sintió dirigido a hablar en una lengua a una
persona sentada junto a él. Se sintió amedrentado de hacerlo
y trató de evitarlo, pero era algo muy fuerte en él, así que
cedió y dijo ese extraño conjunto de sílabas que no comprendía. No obstante, el hombre a su lado era un indio que se
volvió a Jack para decir: "¡Usted acaba de decir palabras que

solo mi tribu habla!". Fue un testimonio maravilloso. ¡Hay muchas historias como esta en las que una persona habla en un idioma que no comprende, pero los extranjeros se asombraron al reconocer su propio idioma!

Una vez cuando vivíamos en Key Largo, Florida, me senté en el porche con vista hacia Largo Sound, y me ocurrió lo siguiente. Estaba orando y hablé en una lengua cuando inmediatamente escuché estas palabras: "Deja de tomarte a ti mismo tan en serio". Estoy seguro de que fue una interpretación instantánea, una reprensión amorosa que necesitaba.

El don de interpretación de lenguas es, creo, raro. De hecho, quizá todos los dones del Espíritu genuinos son raros en estos días. No soy cesacionista. No obstante, creo que damos credibilidad a nuestros críticos cuando toleramos la falsificación sin "probarlo todo". Temo que algunos estemos tan ansiosos de ver a Dios obrar que intentamos *hacer* que las cosas pasen, y sea que intentemos probar que alguien es sanado cuando no lo es o hablando profecías que nunca se cumplieron.

La mayor libertad es no tener nada qué probar.

PARTE II:
LA VERDAD DE
LA PALABRA

Capítulo seis

¿PODEMOS TENER AL ESPÍRITU SIN LA PALABRA?

¿Tan necios sois? ¿Habiendo comenzado por el Espíritu, ahora vais a acabar por la carne?

—GÁLATAS 3:3

Tal vez usted recuerde la cita por A. W. Tozer 1897–1963) al principio de su libro que incluía estas palabras: "Nunca es posible tener al Espíritu con al menos alguna medida de verdad".[1] Esto es porque el Espíritu es el "Espíritu de *verdad*, el cual procede del Padre" (Juan 15:26, énfasis añadido). Hay un sentido en el que la esencia de Dios es la *verdad*. Por ejemplo:

- "es imposible que Dios mienta" (He. 6:18).

- En efecto, Dios "no miente" (Tito 1:2).

- David oró: "Encamíname en tu verdad, y enséñame" (Sal. 25:5).

- "toda su obra con verdad hecha" (Sal. 33:4, RVA).

- "Envía tu luz y tu verdad" (Sal. 43:3).

- "Y tu ley [es] la verdad" (Sal. 119:142).

- "todos tus mandamientos son verdad" (Sal. 119:151).

- "Cercano está Jehová a todos los que le invocan, a todos los que le invocan de veras." (Sal. 145:18).

- "El que se bendijere en la tierra, en el Dios de verdad se bendecirá; y el que jurare en la tierra, por el Dios de verdad jurará" (Is. 65:16).

- "Pero yo te declararé lo que está escrito en el libro de la verdad" (Dan. 10:21).

Lo mismo se aplica a Jesucristo:

- "(y vimos su gloria, gloria como del unigénito del Padre), lleno de gracia y de verdad" (Juan 1:14).

- "Pues la ley por medio de Moisés fue dada, pero la gracia y la verdad vinieron por medio de Jesucristo" (Juan 1:17).

- "y conoceréis la verdad, y la verdad os hará libres" (Juan 8:32).

- "Pues si digo la verdad, ¿por qué vosotros no me creéis?" (Juan 8:46).

- "Yo soy el camino, y la verdad, y la vida; nadie viene al Padre, sino por mí" (Juan 14:6).

Para mí, la verdad *acerca* de Dios, la verdad *de* Dios y la verdad *desde* Dios están entre las más cosas más deslumbrantes, impresionantes y emocionantes acerca de Dios. ¡Es por eso que Él ha "engrandecido" su Palabra por encima de su nombre! (Sal. 138:2). Su Palabra es verdad. Jesús oró: "Santifícalos en tu verdad; tu palabra es verdad" (Juan 17:17).

El Avivamiento de Gales, el cual he mencionado antes, fue uno de los grandes movimientos del Espíritu Santo en la historia de la Iglesia moderna. Se estima que el número de personas convertidas va de veinticinco mil a cincuenta mil. Los bares y las prisiones se vaciaron. Bethan Phillips tenía sesenta años y vivía en Londres cuando su padre la sacó de la escuela y la puso en un tren a Gales. Los miembros de la familia lo criticaron por sacarla de la escuela. Su respuesta: "Ella siempre podrá ir a la escuela, pero puede ser que nunca vea un avivamiento otra vez".

Bethan creció y se casó con el Dr. Martyn Lloyd-Jones. Años después, en sus ochenta, habló conmigo acerca de esa vez, recordando cuando personalmente atestiguó el Avivamiento de Gales. El Dr. Lloyd-Jones también me contó esta historia:

> Un minero de carbón llegó a casa del trabajo, y su esposa no le había cocinado la cena. Se había ido a la iglesia para estar en el servicio de avivamiento. Él estaba tan furioso y molesto que decidió ir a la iglesia para detener el servicio. Cuando llegó, no pudo entrar al edificio ya que la gente se amontonaba en la puerta. Negándose a quedarse afuera, furiosamente se hizo paso a codazos entre la gente hacia el interior de la iglesia. ¡Lo siguiente que recuerda es estar arrodillado frente al púlpito, implorando misericordia a Dios! Aquellos que atestiguaron el evento dijeron que se las arregló para meterse a la iglesia y literalmente se paró sobre la última banca y luego se dirigió hacia el frente caminando sobre cada banca. Luego cayó frente al púlpito y comenzó a orar.

Los críticos serios del Avivamiento de Gales dijeron que este fenómeno no podía ser de Dios por la ausencia de predicación. El ya mencionado Evan Roberts no predicó, sino que se sentó en la plataforma. Algunos, sin embargo, argumentarían contra la declaración de Tozer de que "nunca es posible tener al Espíritu con al menos alguna medida de verdad". Uno concluyó que el Avivamiento de Gales refutaba la declaración de Tozer dado que el avivamiento tuvo poco o nada de predicación, pero sí muchos cantos, mostrando que este movimiento no era obra del Espíritu Santo.

Yo respondo: ¿Qué cantaron exactamente durante esa era histórica? Si era un espíritu falso, pero no el Espíritu de Dios, uno esperaría que los himnos fueran extraños, heréticos y nada bíblicos. ¡Ese no fue el caso! ¡Cantaron los himnos bíblicos de la iglesia! En todas las iglesias prácticamente cada noche el himno más popular y frecuente era este:

> Oh que amor incomparable
> Jesucristo nos mostró
> cuando su preciosa sangre
> por nosotros derramó.
> ¿De su amor, quién no recuerda?
> ¿Quién no le adorará?
> Que exaltado siempre sea
> nuestro Príncipe de paz.
>
> En el Monte del Calvario
> fuentes de infinito amor
> aquel gran día se abrieron
> ¡Oh qué inmerecido don!
> Cual gran río, de lo alto,
> sin cesar su amor fluyó
> sobre el mundo derramando
> paz, justicia y compasión.
>
> Su Palabra hoy me guía
> por su Espíritu, en verdad
> y me dice "En mí confía".
> nada Él me hará faltar,
> de su plenitud derrama

su amor y su poder
en mi ser y sin medida
al rendirme a sus pies.[2]

—William Rees (1802–1883)

Los primeros metodistas obtuvieron su teología de los himnos. Examine los himnos de gente como Isaac Watts (1674–1748) y Charles Wesley. El contenido de estos himnos que honran a Dios era profundamente teológico y fue usado por el Espíritu Santo no solamente para edificar a los santos, sino también para convencer al pecador. La predicación puede ser cantada tan fácilmente como es hablada.

Piense en esto. ¿qué tal si el Dios que existe fuera un Dios mentiroso? ¿Qué si hubiera mentido? ¿Si no pudiéramos creerle? ¿Si no fuera fiel? No diría: "Me volveré a Dios de verdad". No diría: "Seré veraz". Ni diría: "Siempre diré la verdad". No. Él *es* verdad. Es imposible que Dios no sea veraz. El eterno Dios *es un Dios de verdad*. Es un Dios de honestidad e integridad. ¡Es un Dios que es fiel y mantiene su Palabra! Usted puede confiar plenamente en Él. Como vimos en el himno de Frances Havergal en el capítulo anterior: "Haznos conocerte, te amaremos más; sé tú nuestro dueño, Príncipe de paz".

Esto me provoca lágrimas fácilmente. ¡Qué Dios tan maravilloso tenemos! ¿Cuán bendecidos podemos ser? No puede ser mejor que esto.

Por lo tanto, si uno comienza a vivir en el Espíritu, es debido a que la *verdad* está presente.

Sin embargo, los gálatas tristemente se desviaron de la verdad. No totalmente. Incluso en su débil condición, tuvieron una medida de fe.

¿La cuestión? El Evangelio. A menudo esa es. Es por

eso que escribí el libro *¿Qué pasó con el Evangelio?* (Casa Creación). Pablo estaba alarmado por lo que estaba sucediendo con sus convertidos en Galacia. Les escribió con profunda urgencia: "Estoy maravillado de que tan pronto os hayáis alejado del que os llamó por la gracia de Cristo, para seguir un evangelio diferente. No que haya otro, sino que hay algunos que os perturban y quieren pervertir el evangelio de Cristo" (Gl. 1:6–7).

Cabe destacar que Pablo no cuestiona su conversión. Puede haber algunos hoy que dirían que si la conversión de los gálatas era genuina no hubieran sido tan rápidamente influenciados por falsas enseñanzas. Muy al contrario; Pablo hace todo lo que puede para solucionarlo no sea que se desmoralizaran y se desilusionaran. La razón de las cartas de Pablo —que conforman casi un tercio del Nuevo Testamento— es que todos los convertidos necesitaban enseñanza y a menudo, advertencia.

Los judaizantes (como les llamamos ahora) —judíos que profesaban ser cristianos— habían engañado a los gálatas. Su motivo predominante era persuadir a los convertidos gentiles de Pablo para abrazar toda la ley mosaica, incluyendo la circuncisión. Estos judaizantes solo pescaban en el estanque cristiano; seguían a Pablo casi a dondequiera que fuera y vivían para desviar la atención de los convertidos. Algunos eruditos sugieren que los judaizantes pudieron haber sido "el aguijón en la carne" de Pablo (ver 1 Co. 12:7).

Estos judaizantes aparentemente tuvieron éxito con los gálatas en gran medida. Aunque se convirtieron a través de Pablo, los gálatas se volvieron en su contra. Pablo hizo lo mejor que pudo para despertarlos y llevarlos de regreso a la verdad del Evangelio. "¿Me he hecho, pues, vuestro enemigo, por deciros la verdad?" (Gl. 4:16).

Pablo, por lo tanto, se los puso así: "¿Habiendo comenzado por el Espíritu, ahora vais a acabar por la carne?" (Gl. 3:3). Esto muestra además que habían sido convertidos: comenzaron por el Espíritu. Con "la carne" aquí Pablo se refiere a abrazar la ley. Aunque la ley es *verdad*, ellos se alejaron de la verdad al comprender mal el *lugar* de la ley en el propósito de Dios. Pablo les recuerda que el Evangelio fue predicado primero a Abraham (Gl. 3:8), y que ellos fueron justificados por fe como lo fue Abraham. La ley vino 430 años *después* (Gl. 3:17). En otras palabras, ¡el pacto bajo el que estamos hoy *no* es el de la ley mosaica, sino el que fue dado a Abraham!

Es casi definitivo que los gálatas nunca pensaron en estas cosas. Pablo conocía la ley mucho mejor que los judaizantes. Estos dijeron a esos gentiles gálatas que Pablo los había defraudado. Pablo tuvo que actuar y enseñarles cosas elementales, mayormente, mostrarles que la muerte de Jesús en la cruz había cumplido la ley. ¡Esto nos lleva de regreso a Abraham!

¡Debido a la perniciosa influencia de estos judaizantes, entonces, los gálatas se habían desviado de la verdad! Pablo les da de comer con cuchara en la carta que les dirigió, con el propósito de que Cristo fuera formado en ellos (Gl. 4:19). "De la gracia habéis caído", es decir, habían estado viviendo por debajo de la gracia que por derecho era suya (Gl. 5:4). Habían sido engañados al escuchar a esos judíos. Aunque Pablo dijo: "confío [...] en el Señor" que los gálatas volvieran en sí (Gl. 5:10), ¡hasta que lleguemos al cielo no sabremos qué sucedió con los gálatas!

Este evento muestra cómo la gente salva puede tener el Espíritu Santo; pero no necesariamente posee un alto nivel de fe. Aunque estos gálatas fueron salvos, se habían vuelto vulnerables a la herejía.

No estaban manteniendo el evangelio que los salvó. Es más, al escuchar a los judaizantes se quitó el tropiezo de la cruz (Gl. 5:11).

Como muchas iglesias hoy a lo largo del mundo, los gálatas tenían al Espíritu; pero solo una medida de la verdad, en referencia al comentario de Tozer. No hay razón para creer que hubieran abandonado los asuntos esenciales de la fe, tales como la deidad y la humanidad de Jesús, su resurrección corporal y su ascensión. Mientras uno crea en que Jesús es Dios hecho hombre y en su resurrección de los muertos, esa persona es salva (Ro. 10:9, 10). Incluso si usted dice: "salvos, pero por poco", yo estaría de acuerdo, pero eran salvos, y esta es la verdad esencial que no debemos olvidar.

Esto explica cómo una iglesia —o un ministerio— puede tener al Espíritu Santo, pero carecer de una teología profunda. Ciertamente, el Espíritu Santo en las personas puede hacer cosas extraordinarias, por ejemplo, predicar sermones impresionantes, escribir buena música y poesía, ser instrumentos de sanidad, de adoración viva, de verdaderas liberaciones y de notables profecías. Más aún, como hemos visto, los dones del Espíritu son irrevocables (Ro. 11:29), lo que significa que (1) usted no los pierde, y (2) la santidad personal no garantiza que le sean otorgados. La unción viene por la voluntad soberana de Dios. Nunca olvide que el rey Saúl profetizó en camino de matar a David (1 S. 19:24). Cuando Dios dijo: "tendré misericordia del que tendré misericordia" (Éx. 33:19; ver también

Ro. 9:15), esto significa que Él retiene el juicio sobre aquellos de nosotros que merecemos juicio. La diferencia entre gracia y misericordia es esta; la gracia es recibir un favor que *no* merecemos; misericordia es que Dios retenga el juicio que *sí* merecemos.

Esto también quiere decir que Dios tiene misericordia de aquellos que no siempre tienen la teología correcta. Esta es una lección para aquellos de nosotros que equivocadamente asumimos que nuestra profunda teología nos da puntos delante de Dios. ¡Dios puede elegir saltarse a aquellos de nosotros que nos imaginamos tener "profunda" doctrina, y puede bendecir a aquellos que, de momento, puedan no tener una gran medida de fe!

Antes me referí a haber tenido a Arthur Blessitt en la Capilla de Westminster. Él no finge ser un teólogo; pero yo sabía que era un hombre que amaba a Dios y estaba dispuesto a tirar su reputación por los aires para obedecer a Dios. Quería que un hombre así estuviera cerca por un rato. Sin embargo, alguna gente buena estaba desconcertada de que hubiera invitado a Arthur. Una persona escribió para preguntarme por qué me estaba "inclinando por Ismael", notando que hacía mucho yo había dicho que el movimiento carismático era Ismael, pero que Isaac vendría. Posiblemente perdí más amigos por invitar a Arthur que por cualquier decisión que haya hecho, pero fue la mejor decisión que tomé en veinticinco años en la Capilla de Westminster.

Un día de 1994, recibí una llamada de Ken Costa, capillero de Holy Trinity Brompton (HTB), una prominente iglesia anglicana de Londres (ahora la más grande de Inglaterra), también conocida por estar abierta al Espíritu Santo.

Ken me dijo: "Están sucediendo algunas cosas raras en nuestra iglesia, y me pregunto si tienes algunos sermones de 1 Juan 4:1-4. Sí, inmediatamente le envié cuatro sermones acerca de esos versículos que trataban de probar los espíritus si son de Dios. Después de que Ken leyó esos sermones, me invitó a almorzar para hablar de lo que estaba sucediendo en HTB. Fui al almuerzo para advertirle. Varios días después, había escuchado de gente por la que se oraba y caían al suelo riendo. La gente dijo que esto vino de Toronto. Inicialmente dudé que tal cosa fuera de Dios. Definitivamente no quería pensar que fuera de Dios. ¡Esas cosas me parecían perturbadoras!

Además, si soy totalmente honesto, me sentí un poquito traicionado por Dios. Después de todo, si lo que estaba aconteciendo en HTB era del Espíritu Santo, si genuinamente era de Dios, ¡seguramente hubiera sucedido primero en la Capilla de Westminster! ¡Me costó trabajo creer que Él hubiera bendecido HTB y no a la Capilla de Westminster! Consideraba a la Iglesia de Inglaterra como apóstata: "¡Seguramente Dios no bendeciría a una iglesia con toda esa gente de Eton en su personal!", pensé, "¡con su acento refinado de Sloan Square!". Nosotros, en la Capilla de Westminster, somos cristianos ordinarios como se describen en 1 Corintios 1:26-31. Los celos son un pecado difícil de ver en nuestra vida.

Había más. Yo había defendido fielmente el evangelio histórico contra una seria oposición y me había vuelto vulnerable al dejar que Arthur Blessitt nos pusiera de cabeza. Además, nuestra iglesia tuvo días de oración y ayuno. Yo estaba en las calles testificando a los perdidos. Me avergüenza decir que asumí que Dios seguramente nos favorecería a nosotros por sobre las iglesias anglicanas, incluyendo HTB.

Ken no había venido a persuadirme de lo que estaba sucediendo en su iglesia. Sinceramente quería mi opinión. Pero a la mitad de ese almuerzo, comencé a preocuparme en extremo de que, tal vez, me estaba oponiendo al trabajo de Dios únicamente porque no nos pasó primero a nosotros. Recordé cuántos cristianos se opusieron al Avivamiento de Gales. Sabía que había una larga tradición que había resistido lo que Dios estaba haciendo en ciertas generaciones. Verdaderamente comencé a temer estar del lado equivocado.

También había un brillo en el rostro de Ken que comenzó a darme un respiro. No solo eso; claramente HTB había pasado la prueba de 1 Juan 4:1-4. Pudieran estar o no tan reformados como yo, ¡pero tampoco lo estuvo John Wesley!

Para cuando terminamos de almorzar, yo estaba sereno de pies a cabeza. Llamé por teléfono a Louise para contarle que creía que habíamos estado del lado equivocado con respecto a la Bendición de Toronto. Junté a mis diáconos para decirles lo mismo. A su favor debo decir que permanecieron conmigo. Semanas antes ya había advertido a mi congregación en Westminster de lo que estaba sucediendo en HTB, pero después de ese almuerzo con Ken, públicamente me retracté, y estoy muy contento de haberlo hecho.

Después en ese año de mi vida, Louise fue sanada milagrosamente en segundos por un hombre al que se le conoce como el "padre" de la Bendición de Toronto. Louise llegó a la sacristía de la capilla ese domingo por la mañana, habiendo dormido muy poco la noche anterior. Ella admite que no tenía fe; pero estaba dispuesta a que "ese hombre" (ella no sabía quién era) orara por ella. Fue instantáneamente sanada. ¡Puedo hacer pedazos la teología de ese hombre! Se convirtió en un querido amigo y dará fe de cómo le he suplicado que ponga en orden ciertos asuntos. Todavía oro que se deje convencer. Me podría referir a muchos otros que ven milagros, pero que no son lo que yo personalmente considero "profundos". Hay aquellos cuya teología (seguramente) debe hacer que los ángeles se sonrojen, pero a quienes Dios usa sorprendentemente.

Cuando Dios dijo: "tendré misericordia del que tendré misericordia", se refería justamente a eso. Él es soberano y muestra su misericordia a quien Él quiere, sea una iglesia o un individuo. ¿Por qué? Porque así es Él.

El Dios de la Biblia es un Dios de verdad. La verdad es que Él algunas veces bendice a aquellos que usted y yo nunca escogeríamos. Él se salta a aquellos que usted y yo asumiríamos que estarían exactamente en donde Dios manifestaría próximamente su gloria.

Amo la historia de una de las canciones más conocidas de Fanny Crosby. Leí que ella estaba dirigiéndose a algunos prisioneros en una cárcel una tarde de domingo. Había sentido citar Romanos 9:15: "Tendré misericordia del que yo tenga misericordia", he hizo notar que Dios tiene el derecho de pasar por alto a la gente. Un prisionero gritó: "Oh Señor, no me pases por alto". Ella fue a casa y escribió el himno:

> Salvador, a ti acudo,
> Príncipe de amor,
> Solo en ti hay paz y vida
> para el pecador.[3]
>
> —Fanny Crosby (1820–1915)

He tenido el privilegio de predicar en la iglesia de Toronto algunas veces. Pero quiero compartir lo que sucedió en mi primera visita ahí, en 1996, en el segundo aniversario de la Bendición de Toronto. Oré todo el día para saber qué debía predicar en la reunión de la tarde. Llegué sin nada.

Decidí en el último minuto usar un antiguo sermón que había predicado quizá cientos de veces, basado en Hebreos 4:14-16. Conocía el sermón de atrás para adelante. Pero cuando comencé a leer el texto a la congregación, luché para leerlo en voz alta. ¡Una pesadez vino sobre mí que me impidió terminar un enunciado! Nunca en mi vida había yo experimentado algo como eso. No lograba hilvanar dos frases con sentido.

Mientras intentaba e intentaba, la congregación (quizá de dos mil) comenzó a reír jocosamente. Louise en la segunda fila estaba riendo. Lyndon Bowring, sentado junto a ella, se estaba partiendo de risa. No me pareció gracioso. Comencé a pensar: "¿Qué van a decir en Inglaterra cuando escuchen que yo —conocido como maestro de Biblia—, no pude ni predicar cuando estuve en la iglesia de Toronto? Los críticos dirán que esto es prueba de que todo esto no es de Dios".

Me llené de pánico. No había gozo. Oré como loco: "Por favor, Señor, ayúdame". Estuve impotente como por quince minutos, aunque me parecieron una eternidad. No podía armar una oración inteligible. Si alguien me hubiera ofrecido un millón de dólares exentos de impuestos en lingotes de oro por predicar mi sermón, no hubiera podido hacerlo.

Afortunadamente, un verso diferente me vino a la mente: sentí Hebreos 13:13, sin saber lo que decía. Lo busqué y me pregunté si esto era lo que debía hablar: "Entonces salgamos al encuentro de Jesús, fuera del campamento, y llevemos la deshonra que él llevó". Luego anuncié a la multitud: "Intentaré con un texto diferente". Se rieron otra vez; pero cuando comencé a leer, la atmósfera cambió repentinamente; casi podía oírse caer un alfiler. Comencé a hablar, a elevarme. Prediqué por quizá veinte minutos acerca de Jesús muriendo en la cruz fuera de la ciudad y que todos debemos salir del campamento y llevar su deshonra. Muchos vinieron al frente —alguien dice que doscientos o más— cuando terminé. Ha venido gente de diferentes partes del mundo a decirme: "Yo estuve ahí aquella noche y pasé al frente después de que usted predicó".

Pero hay más en la historia. ¡Ese sermón acerca de Hebreos 13:13 fue el primer sermón predicado en Toronto Airport Christian Fellowship! Hasta un día antes era Vineyard del Aeropuerto de Toronto. Se sabe muy bien que el finado John Wimber (1934-1997), fundador de Vineyard —un hombre al que yo conocía muy bien y que me caía muy bien— se separó de la iglesia de Toronto por alguna razón. También más tarde lamentó hacerlo. Dijo a varias personas justo antes de ir al cielo: "Fue el peor error de mi vida".[4] En cualquier caso, el día en que prediqué de Hebreos 13:13, fue el primer día en que había dejado de ser una iglesia de Vineyard. Mi sermón fue el primero en ser predicado en la iglesia con su nuevo nombre. ¡La congregación de Toronto literalmente estaba fuera del campamento! Dios sabía que necesitaban ánimo.

El incidente anterior me muestra dos cosas. Primero, mi sermón de Hebreos 4:16 no era lo que Dios quería que predicara. Él quería que afirmara a la iglesia de Toronto que había sido separada y llevada fuera del campamento. Segundo, me mostró cómo el Espíritu Santo quedó a cargo esa noche. Estuvo completamente fuera de mi control. Literalmente fui *incapaz* de predicar lo que intentaba predicar. He hecho lo mejor que he podido para explicar lo que sucedió. Fue físicamente imposible para mí hablar hasta que escuché Hebreos 13:13.

El pastor de Toronto, John Arnott, y su encantadora esposa, Carol, se han convertido en grandes amigos de Louise y míos. Me he conectado con ellos en el ministerio muchas veces en diferentes partes del mundo. Los afirmo, y ellos me afirman aunque, hasta donde sé, posiblemente no pongamos los puntos sobre las íes de la misma forma. ¡Y tal vez sí lo hacemos!

Al día siguiente de mis pláticas en el primer congreso Palabra y Espíritu en el Wembley Conference Centre en 1992, un muy conocido líder de iglesia me llamó para preguntarme esto: "¿Con 'Palabra' te refieres a 'reformado'?". Supe exactamente a qué se refería. Le pedí tiempo para pensar en eso. Ahora concluyo que si el Dr. Lloyd-Jones pudiera apoyarse en John Wesley para apoyar su propia doctrina del Espíritu Santo —Wesley no era reformado—, ahí estaba mi respuesta. Sería injusto de mi parte requerir que todos fueran reformados en teología en sus esfuerzos por ser gente de la Palabra, así como del Espíritu. Dios tiene una red más ancha que la de algunos de nosotros para jalar a aquellos que Él escoge bendecir.

La presencia del Espíritu Santo —el Espíritu de verdad— puede manifestarse en formas sorprendentes, ciertamente manifestarse *en* aquellos y a aquellos que usted y yo pudiéramos pensar que tienen poca medida de fe. Pablo no se rindió con los gálatas. Nosotros no debemos rendirnos, sino unos a otros sincera y seriamente buscar honrar y glorificar a Dios.

Capítulo siete

LOGOS Y RHEMA

Has engrandecido [...] tu palabra sobre todas las cosas.

—SALMOS 138:2

El versículo al comienzo de este capítulo es extraordinario. Por favor léalo otra vez. Cuando piense en cuándo Dios quiere que su nombre sea honrado, piense en esto: Él engrandece su Palabra por sobre su nombre. Conociendo que las traducciones modernas extrañamente pasan por alto este versículo —interpretándolo en vez de traducirlo— comencé a preguntarme si tal vez la versión King James lo tenía mal, aunque la Versión Estándar del Inglés tiene un pie de página: "Has exaltado tu palabra por sobre tu nombre". Pedí al finado Dr. Michael Eaton (1942-2017), uno de los hombres más doctos que jamás he conocido —que sabía hebreo— me dijera la verdad acerca de Salmos 138:2. Me aseguró que el hebreo debía traducirse literalmente: "Has engrandecido tu palabra por sobre tu nombre".

Para estar doblemente seguro me puse en contacto con mi amigo rabino Sir David Rosen, un judío ortodoxo erudito de Jerusalén. Aquí está lo que me escribió: "La traducción debe ser: 'Has engrandecido tu palabra (o tu hablar) sobre tu nombre', esto es, la Palabra divina es más importante para él que su nombre". David agregó que "palabra" se refería a la *Torá*, los mandamientos de Dios. Sorprendente.

En este libro usted verá que tomo *Palabra* para referirme a las Sagradas Escrituras, la Biblia. No creo que pueda insistir demasiado en este punto fundamental, sino elemental. En otras palabras, cuando me refiero a la Palabra y el Espíritu, quiero decir la Biblia y el Espíritu Santo. He, por lo tanto, elegido deliberadamente mi uso de *Palabra* en este libro: me refiero a la Biblia.

Debe notarse, sin embargo, que dos palabras griegas se traducen como "palabra" en inglés: *logos* y *rhema*. Dado que estas palabras son intercambiables, uno no debe empujar demasiado ninguna distinción esperada. Dicho esto, en general —y para el propósito de este libro— elijo que *logos* se refiera a la Palabra de Dios en *papel*. Lo digo porque *logos* también se refiere a la Palabra de Dios en *persona*: "En el principio era el Verbo… Y aquel Verbo fue hecho carne" (Juan 1:1, 14).

Además, la última palabra de Pablo a Timoteo incluyó este mandamiento: "que prediques la palabra [*logos*]" (2 Ti. 4:2) ¿Pudo Pablo haber usado *rhema* en vez de *logos* en 2 Timoteo 4:2? Sí, pudo haber usado cualquiera. Una y otra vez, van al mismo significado.

La palabra griega *logos* y las palabras que provienen de ella se usan más de trescientas veces en el Nuevo Testamento. *Rhema* se usa al menos setenta veces. Hay algunos que han querido mostrar que *logos* es una palabra más fuerte, que únicamente *logos* se refiere a las Escrituras. Sin embargo, ese punto de vista no se puede sustentar. Por ejemplo, cuando Jesús citó Deuteronomio 8:3, "no sólo de pan vivirá el hombre, mas de todo lo que sale de la boca de Jehová vivirá el hombre", en Mateo (4:4) se usa *rhema*. Tan solo esto nos muestra que *rhema* puede usarse para referirse a las Escrituras, así como *logos*.

Podría citar muchos ejemplos. Hablé acerca de esto con el Dr. Craig Keener, posiblemente el más grande erudito del Nuevo Testamento en el mundo hoy día. Él me dijo que una vez pensó que podía defender que hay una considerable diferencia entre *logos* y *rhema*. Pero a la larga se dio cuenta de que no se podía argumentar eso. Las palabras se usan indistintamente. ¡Esto muestra que uno nunca debe construir su teología sobre el griego! Hay ocasiones en la que el griego puede traer luz. Yo lo uso únicamente cuando creo que puede ser útil. No hay nada santo respecto del griego *koine*, que es el tipo de griego usado en el Nuevo Testamento. Es el que las personas comunes hablaban hace dos mil años. Y, sin embargo, hay veces en las que la comprensión del griego puede ser útil. En cuanto a *logos* y *rhema*, la anterior se usa más a menudo para denotar las Escrituras, ¡pero también puede usarse *rhema*! Por lo tanto, debemos evitar hacer un argumento teológico sobre el uso de una palabra particular del griego.

Dicho esto, deliberadamente he decidido tratar la palabra *rhema* como la usan *popularmente* muchos cristianos sinceros hoy. Aunque carecen de apoyo etimológico para ello, a menudo usan *rhema* para referirse a una palabra profética o "palabra de ciencia" como en 1 Corintios 12:8 o "palabra de conocimiento". Probablemente les sorprenda saber que la palabra griega traducida como "palabra" en este versículo es *logos* y no *rhema*.

En este libro no voy a tratar de enderezar a decenas de miles de cristianos sinceros al decirles ¡que deben dejar de usar *rhema* cuando igualmente puede significar *logos*! No es una guerra que valga la pena pelear. Pero al mismo tiempo, he elegido usar *logos* y *rhema* en una manera que, con suerte, será clara para usted. Pondré "palabra rhema" entre comillas para representar visualmente que estoy usando el término en la manera en que popularmente se entiende.

SERIA ADVERTENCIA

Necesito urgentemente decir algo muy importante en esta etapa. Diría que es seriamente importante. Porque *rhema* y *logos* pueden usarse indistintamente, hay aquellos que

precipitadamente concluyen que una palabra profética
—que desean llamar "palabra rhema"— equivale a las Escrituras. ¿En verdad?

Yo respondí: Nunca. Nunca. Nunca. Nunca. Nunca.
Hacer eso es peligroso y animará a la gente a trivializar las
Sagradas Escrituras. Eso es lo que Satanás quiere. Usted
debe rechazar cualquier persona profética que le anime a
equiparar una palabra de conocimiento de él o ella con las
infalibles Escrituras. Si una persona que le da una palabra
de profecía tiene integridad, le urgirá a sopesar sus palabras cuidadosamente. Siempre se inclinarán ante las Santas
Escrituras.

A pesar del prestigio o reputación de la persona que la da,
nunca acepte una palabra profética que le den como igual
a las Sagradas Escrituras, incluso si la palabra profética se
cumple. Ni el hecho de que una palabra profética se cumpla
no le da un estatus canónico. Hay niveles de autoridad;
únicamente las Sagradas Escrituras pueden ser vistas como
la infalible Palabra de Dios.

Conozco a un hombre de muy alto perfil que dice que
"está demasiado ocupado para leer la Biblia". Tiene un
amigo profético al que consulta diario: "¿Qué quiere el
Señor que haga hoy?". Es solo cuestión de tiempo para que
este hombre o vuelva en sí o tenga una gran caída que lo
deje en la banca. Si alguien de nosotros *usa* a Dios solo
para obtener "una palabra" en vez de para conocerle por él
mismo, tarde o temprano vamos a caer. Dios no respeta
a las personas, Él quiere que le busquemos más *a* Él que
lo que podamos obtener *de* él. Insisto en esto en mi libro
Más de Dios (Casa Creación). Dios está buscando gente que
quiera más *de* Él.

El diablo no quiere que usted desee más de Dios o que crea en la infalibilidad de las Escrituras. Satanás ha usado a eruditos liberales de la Biblia durante un siglo o más para destruir la fe de la gente en la Palabra de Dios. Está usando a alguna gente profética en una forma muy diferente hoy; seducen a la gente para no confiar en las Sagradas Escrituras y quieren que usted crea en sus palabras proféticas o en sus palabras de conocimiento. El diablo usará a los liberales. Usará a gente profética. Él hará lo que sea necesario para llevarlo a que dude de la veracidad, fidelidad y confiabilidad de la Palabra infalible de Dios.

Usted puede estar preguntándose: "¿Es bueno o malo el deseo de recibir una 'palabra rhema'?". Es bueno tener la esperanza y la expectativa de lo que a menudo se le llama una "palabra rhema". No obstante, digo esto bajo la suposición de que no lee su Biblia diariamente porque quiere conocer bien la Biblia.

Seré honesto. Espero y oro por una "palabra rhema" prácticamente cada vez que leo la Biblia, ya sea en mi lectura diaria o cuando predico. Sí, cuando predico, espero que Dios me hable nuevamente y me muestre cosas en las que no he pensado antes. Definiría la "palabra rhema" que estoy buscando como cuando la Palabra de Dios se vuelve muy, muy directa y muy, muy real; cuando es incuestionablemente genuina y verdadera. Puede suceder cuando estoy muy desanimado. Puede suceder cuando necesito una guía clara. Puede suceder cuando estoy llevando a cabo mi plan de lectura bíblica de rutina. Puede suceder cuando menos lo espero.

El Dr. Lloyd-Jones me presentó el plan diseñado por Robert Murray M'Cheyne, un famoso predicador de

Dundee, Escocia. Una de las emociones de mi ministerio fue llegar a predicar en la iglesia de M'Cheyne en Dundee hace unos pocos años. Tuve que pellizcarme para convencerme de que estaba ahí. Se me dio lo que llaman una "palabra rhema" tras el servicio de la noche. Antes de compartir algo acerca de eso, permítame comenzar por el principio de la historia.

De camino a Dundee, recibí una llamada de un amigo escocés. Dijo: "Oí que vas a hablar en el púlpito d M'Cheyne esta noche".

"Sí, así es", le dije. Entonces me contó esta historia:

> Seis meses después de que M'Cheyne muriera a la edad de veintinueve, un joven pastor caminó varias millas para visitar su iglesia. Encontró a un anciano en las instalaciones. "Dígame, señor, ¿cómo puedo predicar como Robert Murray M'Cheyne?"
>
> El anciano dijo: "Venga conmigo". Llevó al pastor joven al escritorio de M'Cheyne. "Siéntese aquí, ponga sus codos sobre el escritorio, esconda su cabeza en las manos, y deje que rueden las lágrimas".

Después de que terminé de predicar, abrí mi Biblia en el viejo púlpito de M'Cheyne. Mis ojos cayeron directamente sobre estas palabras: "Ríos de lágrimas brotan de mis ojos" (Sal. 119:136, NVI). Escribí la fecha, 15 de julio de 2007 al margen de mi Biblia. Se conocía a M'Cheyne por llorar en su púlpito.[1] Eso fue una especie de "palabra rhema" para mí en esa ocasión. Lo tomé como una confirmación del Señor de que estaba en su voluntad al estar precisamente ahí en ese momento.

Aunque es raro, Dios me ha hablado directa e

indudablemente al abrir la Biblia de golpe en un momento crítico. No puedo decir que sucede todos los días. Es más, como una vez al año, si acaso. Es algo cuestionable, para ser totalmente responsable y transparentemente honesto con usted, lector. Me han enseñado a *no* hacer eso, aunque me sienta muy tentado. Después de todo, uno está —en cierta forma— poniendo a Dios en aprietos. Cuando usted abre su Biblia, Él *tiene* que hablar, después de todo ¡es su Palabra!

Tal vez haya escuchado el relato de un hombre que estaba seriamente deprimido y abrió su Biblia en busca de una "palabra". ¡Sus ojos cayeron en el versículo en donde Judas Iscariote se ahorcó! Decidido a intentar una vez más, sus ojos se encontraron con las palabras: "Ve, y haz tú lo mismo". Ahora extremadamente consternado intentó una vez más: "Lo que vas a hacer, hazlo más pronto". Probablemente sea una historia apócrifa; sin embargo, es una ilustración válida del peligro de hacer esto.

Aclarado el punto, en junio de 1979, en una Convención Bautista del Sur, estaba arriba en la galería escuchando un sermón, pero rogando al Señor saber cuál era el siguiente paso. El asunto era: ¿Debía terminar mi educación o quedarme en donde estaba en ese momento, como pastor de la Iglesia Bautista de Lauderdale Manors en Fort Lauderdale, Florida? Estábamos contentos ahí. Nada estaba mal; todo estaba bien, excepto mi creciente frustración con que a la larga lamentaría el no buscar mayor educación a través de un seminario.

Sabía que incluso si renunciaba a mi iglesia, me tomaría al menos cinco años completar lo que siempre había querido, obtener un título de una universidad británica. "Pero", me dije a mí mismo, "tendré cuarenta años para entonces. Es más, conozco el Evangelio. Conozco mi Biblia. ¿Qué puedo aprender en un seminario?".

Aunque traté de convencerme de no ir, sentí una persuasión subyacente de que debía hacerlo *ahora* o lamentarlo por el resto de mi vida. "¿Cómo me voy a sentir cuando tenga cuarenta años? ¿Estaré contento de haberlo hecho? Sí. Sin embargo, ¿esto es el Señor hablándome o soy yo hablándome a mí mismo?".

Alcancé el pequeño Nuevo Testamento que siempre llevaba conmigo. Tenía un sentimiento arraigado de que Dios estaba por hablar. Mi corazón latía mientras sostenía el Nuevo Testamento en mi mano. Luego oré: "Señor, si vas a hablar, por favor deja que la palabra sea objetiva, una palabra que resalte por sí misma, no meramente algo como 'Así dice el Señor, yo estoy contigo'".

Abrí mi Nuevo Testamento, y mis ojos se encontraron con estas palabras: "Y fue enseñado Moisés en toda la sabiduría de los egipcios; y era poderoso en sus palabras y obras. Cuando hubo cumplido la edad de cuarenta años, le vino al corazón el visitar a sus hermanos, los hijos de Israel" (Hechos 7:22–23). Con eso me di por bien servido. Volteé hacia Louise y dije: "Vamos a renunciar a Lauderdale Manors este domingo. Nos mudaremos para que termine mi educación".

Nunca mire atrás. Esa es una de las palabras más claras del Señor que he recibido. Respondió dos cosas que me preocupaban: (1) ¿Por qué ir a un seminario cuando ya conocía la Biblia? Respuesta: Moisés fue enseñado en la sabiduría de los egipcios; fue parte de su preparación. (2) La edad de cuarenta fue un gran factor; Moisés tenía cuarenta cuando

Dios realmente comenzó a prepararlo, es decir, lo lanzó al principal llamado o propósito de su vida.

En otras palabras, creo que Dios puede hablar así. Puede usar la Biblia; puede usar a una persona con una palabra profética.

No obstante, necesito dar otra advertencia. Es una verdadera preocupación mía respecto a un acontecimiento muy triste. En años recientes, algunos cristianos han descubierto lo que popularmente se le llama "rhema". Son aquellos que *viven* para lo que perciben como "palabra rhema". Una palabra específica. Una palabra personal. Una palabra rápida. Una palabra que elimine la necesidad de conocer la Biblia. Elimina la necesidad de aplicar las Escrituras a la propia vida personal: "¿Debo aceptar este trabajo?", "¿Debo casarme con esta persona?". Es un poco como la gente que va a McDonad's, Kentucky Fried Chicken o Burger King porque tienen prisa. Están demasiado ocupados para buscar a Dios en las Escrituras, luchar en oración o esperar en Dios.

INMEDIATA Y DIRECTA VS. MEDIATA E INDIRECTA

En mi libro *Fuego santo*, declaré que los cesacionistas (quienes creen que los dones del Espíritu cesaron hace mucho) se sostienen únicamente a una doctrina soteriológica del Espíritu.

Esta doctrina declara que el Espíritu Santo solamente obra para *aplicar la predicación* del Evangelio. La palabra *soteriología* se refiere a la salvación. Los cesacionistas no creen que el Espíritu Santo pueda trabajar inmediata y directamente en el corazón humano como lo hizo en el libro de los Hechos. Creen que el Espíritu Santo está involucrado en la predicación del evangelio y aplica la Palabra a los corazones humanos para que la gente se convenza de pecado, de justicia y del juicio que viene. Estas personas, por supuesto, tienen razón al creer que el Espíritu Santo obra de esta manera. Pero están equivocadas al pensar que el Espíritu Santo *únicamente* trabaja de esta manera.

Es importante para la doctrina de la seguridad saber que se es salvo. Hay dos niveles de seguridad.

Nivel uno: razonamiento silogístico

Este nivel es llamado el testimonio indirecto o mediato del Espíritu Santo. Por ejemplo:

> Todos los que creen en Jesús son salvos.
> Yo creo en Jesús.
> Por lo tanto, soy salvo.

¿Qué está mal con ese tipo de razonamiento? Nada. Es absolutamente cierto. Es el Espíritu Santo quien aplica el evangelio y dirige a las personas a confiar únicamente en Jesucristo para su salvación. No es que necesariamente ellos *sientan* algo; es un proceso intelectual. Es cerebral. Es razonamiento. Los puritanos ingleses —especialmente William Perkins (1558-1602)— lo conocían como un "silogismo práctico". Mucha, si no es que la mayoría de la gente llega a la seguridad inicial de la salvación de este modo.

Tienen toda la razón al decir: "Sé que soy salvo porque Jesús murió por mí en la cruz". Sin embargo, hay un nivel más alto de seguridad.

Nivel dos: el "testimonio inmediato y directo del Espíritu Santo"

Aprendí esta frase del Dr. Lloyd-Jones. El silogismo práctico no es inmediato y directo; es *mediado a nosotros a través del razonamiento*. Es un razonamiento profundo. Es fiable y seguro. Pero existe algo como el testimonio inmediato y directo del Espíritu. Es como si se saltara la mente. Es cuando el Espíritu Santo testifica al *corazón*. Es el sentimiento más sorprendente.

Es más, ¡este tipo de seguridad es tan poderosa que uno en realidad no *necesita* razonarlo para estar seguro de que se es salvo! El Espíritu Santo mismo le dice que usted es un hijo de Dios. El Dr. Lloyd-Jones siempre lo llamó "la forma más alta de seguridad".

Este tipo de experiencia era típica de los metodistas originales. Ellos creían que cuando una persona se volvía cristiana, ¡*sentía* algo! *Sabían* que habían vuelto a nacer por el testimonio directo del Espíritu Santo. Era una experiencia consciente. Por eso es que el Dr. Lloyd-Jones quería ser llamado "calvinista metodista", como eran conocidos George Whitefield y Evan Roberts.

Hay dos puntos de vista de esto. Algunos creen que este testimonio inmediato y directo del Espíritu viene en la conversión. Eso es exactamente lo que sucedió en la casa de Cornelio. Esas eran personas inconversas hasta que Pedro comenzó a predicarles:

> Mientras aún hablaba Pedro estas palabras, el Espíritu Santo cayó sobre todos los que oían el discurso. Y los fieles de la circuncisión que habían venido con Pedro se quedaron atónitos de que también sobre los genti-les se derramase el don del Espíritu Santo. Porque los

oían que hablaban en lenguas, y que magnificaban a Dios. Entonces respondió Pedro: ¿Puede acaso alguno impedir el agua, para que no sean bautizados estos que han recibido el Espíritu Santo también como nosotros? Y mandó bautizarles en el nombre del Señor Jesús. Entonces le rogaron que se quedase por algunos días.

—Hechos 10:44–48

Este pasaje muestra que la gente recibió el testimonio inmediato y directo del Espíritu en la conversión. Mi observación es que lo que sucedió en la casa de Cornelio puede suceder todavía, pero dudo que suceda a menudo.

Por lo tanto, creo que este testimonio inmediato y directo del Espíritu más a menudo viene a aquellos que *ya han sido convertidos*. Sucede cuando la gente quiere *más* que el Espíritu Santo aplicando el Evangelio a través de un silogismo práctico.

Mi amigo Charles Carrin, quien se convirtió en un pastor bautista primitivo (original), cuenta cómo él deseaba más de lo que había experimentado en la conversión, tan real como había sido. Le preguntó a su hermano: "¿No hay algo más?".

Su hermano replicó: "No, Charles, lo obtuviste todo en la conversión".

Años después, al haber estado en el ministerio por un buen número de años, fue invitado a ser capellán de una penitenciaría federal en Atlanta y asignado a un interno que se había convertido milagrosamente en prisión. Este prisionero también había recibido el testimonio directo del Espíritu junto con ciertos dones del Espíritu. Se suponía que Charles proveyera ayuda espiritual, pero en lugar de ello, ¡Charles comenzó a darse cuenta de que él *necesitaba* la ayuda espiritual! Después de un tiempo, Charles experimentó el testimonio inmediato y directo del Espíritu Santo. ¡Posteriormente su iglesia bautista lo echó!

¿Por qué desdeñaría una persona la idea de querer más? ¿Por qué algunos se sienten amenazados con la idea de más? Sospecho que cuando les dicen: "Lo obtuviste todo en la conversión", algunos se sienten aliviados de la necesidad de perseverar por más de Dios. Sienten que pueden relajarse, quedarse en su zona de confort y negarse a ser molestados por la idea de que hay algo "más" después de la conversión.

No es así. Usted y yo seguramente queremos tanto de Dios como podamos obtener.

Por lo tanto, la pregunta es: "¿Puedo tener el Espíritu sin la Palabra?". Si A. W. Tozer tenía razón, no podemos tener el Espíritu sin una "medida de la verdad". La pregunta sigue: ¿Cuánta verdad es necesaria para tener el Espíritu Santo? ¿Hay un umbral mínimo? En otras palabras, ¿qué "medida" de verdad necesita uno? Yo contestaría: nivel uno, razonamiento silogístico. ("Creo que Jesús es el Hijo de Dios, que murió en la cruz por mis pecados y se levantó de los muertos; por lo tanto, soy salvo").

Habiendo dicho esto, añadiría que en mi experiencia un sorprendente número de carismáticos que enfatizan en el Espíritu a menudo carecen de la seguridad básica de la salvación. Me he sorprendido de ver cuántos carismáticos, a pesar de haber venido a Cristo por la fe, tristemente asumen que es por sus *buenas obras* que irán al cielo.

¿Cómo puede ser? ¿Significa esto que esas personas nunca fueron convertidas? Yo no iría tan lejos. Por extraño que parece, creo que hay más personas que —debido parcialmente a una teología superficial enseñada desde el púlpito— de alguna forma olvidaron cómo y cuándo llegaron a Cristo en primer lugar.

Sí, es posible que nunca fueran convertidos. Sin embargo, quiero ser gentil y decir que creo que la mayoría son convertidos, pero, debido a una teología superficial, no encuentran la respuesta correcta a la pregunta: "Si estuvieras delante de Dios, y Él te preguntara: '¿Por qué debo dejarte entrar a mi cielo?', ¿qué le dirías?'". Con toda honestidad, creo que es posible que algunas personas respondan incorrectamente cuando, de hecho, son regenerados. Una razón por la que creo esto: algunas personas son muy *prontas para aceptar la verdad cuando la escuchan*. Esto me dice que fueron regenerados o no hubieran abrazado el evangelio con el corazón cuando se les presentó.

Esto se conoce como *fe implícita*. Es lo que la mujer de Samaria tenía. Ella creía en lo que Jesús dijo, y su testimonio guio a otros a afirmar que Jesús era el Salvador del mundo (Juan 4:42). Ella testificó acerca de Él. No hubiera sabido que la sangre de Cristo nos salva. La fe implícita está operando cuando usted *cree con una medida de fe que discierne en su corazón*. Tal persona acepta más verdad cuando la escucha, lo cual es una prueba de que es regenerado.

Desde que me retiré de la Capilla de Westminster, Dios ha abierto puertas para mí para predicar en muchos países del mundo, a carismáticos y evangélicos. Muchos —tanto gente del Espíritu como de la Palabra— carecen de bases profundas de seguridad. Aquellos, sin embargo, que son regenerados, aceptan completamente el evangelio cuando lo escuchan.

Es por eso que una teología profunda, sólida y clara necesita predicarse regularmente desde el púlpito. Muy a menudo la gente da por sentadas las verdades elementales del Evangelio. Esta es una de las razones por las que escribí el libro *¿Qué pasó con el Evangelio?*

Habiendo dicho esto, existe algo como el testimonio inmediato y directo del Espíritu Santo. Es algo a lo que algunas veces se le llama "descanso de fe", algunas veces "bautismo del Espíritu Santo", y algunas veces "el sello del Espíritu" (la frase favorita del Dr. Lloyd-Jones). Mi observación es que en la mayoría de los casos, aquellos que creen la medida de la fe que han recibido son salvos. Algunos carecen de la llenura del Espíritu Santo; algunos carecen de una teología robusta de la Palabra.

Para referirme al punto principal del capítulo anterior, puede parecer una incongruencia que uno pueda tener el Espíritu sin la Palabra. Sin embargo, creo que A. W. Tozer tenía razón. El hecho es que algunos tienen genuinamente el Espíritu, pero con una *medida* de la verdad. También sigo el ejemplo del Dr. Lloyd-Jones. ¡Usted recordará que citó a John Wesley —el fundador del metodismo— para sostener su propia doctrina del testimonio inmediato del Espíritu! Es por eso que se llamaba a sí mismo calvinista metodista. Wesley mismo no era verdaderamente reformado en su teología, aunque tenía una clara comprensión de la justificación por fe. Al Dr. Lloyd-Jones le encantaba señalar ¡que Wesley incluso enseñó a George Whitefield la doctrina calvinista de la justificación por fe!

Logos (la Palabra impresa) y rhema (ya sea hablada o impresa) pueden usarse indistintamente. Una palabra logos puede ser una palabra rhema; una palabra rhema puede ser una palabra logos.

Dicho esto, yo iría hasta la hoguera por mi creencia de

que honra más a Dios el querer conocer al Espíritu Santo por Él mismo, que vivir meramente para obtener una "palabra rhema". Creo que tanto evangélicos como carismáticos necesitan prestar atención a esta lección.

Capítulo ocho

EL DIVORCIO SILENCIOSO

Aquel día vinieron a él los saduceos, que dicen que no hay resurrección, y le preguntaron, diciendo: Maestro, Moisés dijo: Si alguno muriere sin hijos, su hermano se casará con su mujer, y levantará descendencia a su hermano. Hubo, pues, entre nosotros siete hermanos; el primero se casó, y murió; y no teniendo descendencia, dejó su mujer a su hermano. De la misma manera también el segundo, y el tercero, hasta el séptimo. Y después de todos murió también la mujer. En la resurrección, pues, ¿de cuál de los siete será ella mujer, ya que todos la tuvieron?

Entonces respondiendo Jesús, les dijo: Erráis, ignorando las Escrituras y el poder de Dios. Porque en la resurrección ni se casarán ni se darán en casamiento, sino serán como los ángeles de Dios en el cielo. Pero respecto a la resurrección de los muertos, ¿no habéis leído lo que os fue dicho por Dios, cuando dijo: Yo soy el Dios de Abraham, el Dios de Isaac y el Dios de Jacob. Dios no es Dios de muertos, sino de vivos. Oyendo esto la gente, se admiraba de su doctrina.

—MATEO 22:23-33 (CF. MARCOS 12:18-27)

¿**P**OR QUÉ SER cristiano? Esta pregunta es de extrema importancia. ¿Tiene usted una respuesta? Alguno diría: "Debe ser cristiano porque será una persona más feliz". ¿Realmente? La primera persona que bauticé en Londres era un hombre de negocios judío de Los Ángeles, que se había convertido un domingo por la noche en la Capilla de Westminster. Después nos hicimos amigos, incluso pasamos parte de algunas vacaciones juntos. Fue maravillosamente convertido, pero me dijo un día: "Antes de convertirme en cristiano, era un hombre feliz". No se estaba quejando; estaba admitiendo que ser cristiano era costoso, y algunas veces, doloroso. Nadie de sus familiares o amigos se convirtió en cristiano.

Algunos pueden responder esta pregunta: "Debería convertirse en cristiano porque eso ayudará a su matrimonio". ¿Realmente? Los índices de divorcio pueden probar lo contrario. He hallado que los matrimonios reciben ayuda cuando las parejas ponen a Jesucristo en el primer lugar de su vida; no solo son fieles uno al otro, sino que dejan de señalarse y perdonan mutuamente las faltas del otro.

La razón por la que una persona debe ser cristiana, dice Pablo, es a causa de la ira de Dios (Ro. 1:18; 5:9; 1 Tes. 1:10). La mayoría de los cristianos pueden citar Juan 3:16: "Porque de tal manera amó Dios al mundo, que ha dado a su Hijo unigénito, para que todo aquel que en él cree, *no se pierda*, [lo que significa que *no va al infierno*], mas tenga vida eterna" (énfasis añadido). Una vez que una persona es cristiana, él o ella se vuelve parte del cuerpo de Cristo, la iglesia. Dios quiere que la iglesia sea la sal de la tierra, como mencioné al principio de este libro. Nos volvemos sal y luz cuando sostenemos las Escrituras y manifestamos el poder de Dios con igual fuerza. Lo último que queremos es que esos dos vayan separados, y sin embargo lo han estado.

Este capítulo es acerca del divorcio entre la Palabra y el Espíritu. Creo que Dios detesta este tipo de divorcio tanto como detesta el divorcio entre esposo y esposa (Mal. 2:16), incluso más, si eso es posible.

Fue un divorcio silencioso. Es imposible saber con precisión cuándo se llevó a cabo. Pudo haber sucedido muchas veces en el curso de la historia de la Iglesia. En algún momento antes de 65 d. C., Pablo escribió de una "rebelión" futura (2 Ts. 2:3). La versión King James la llama "una deserción". Entre 90 y 100 d. C., Jesús, hablando de la diestra de Dios en el cielo, dijo de la iglesia de Éfeso: "has abandonado tu primer amor" (Ap. 2:4). ¿Qué era su primer amor? El evangelio. Lea el libro de Efesios junto con Hechos 19 y 20. El evangelio en Éfeso era fundamental. Así también la evidencia de poder.

Lo que es más, cuando lee los primeros escritos de los padres apostólicos (gente como Ignacio y Policarpo del segundo y tercer siglo) —como muestro en *¿Qué pasó con el Evangelio?*—, el Evangelio parece haber sido reemplazado por moralismo y énfasis en las buenas obras. El evangelio es "poder de Dios para salvación" (Rom. 1:16). Pero Pablo dice que en los últimos días habría gente "que tendrán apariencia de piedad, pero negarán la eficacia de ella" (2 Tim. 3:5). Eso es la Palabra sin el Espíritu.

Es un evangelio algunas veces sostenido por una enseñanza cerebral que intencionalmente rechaza los dones del Espíritu. A menudo, es buena y sana doctrina, pero carece de poder. Pablo llama esto apagar al Espíritu o extinguir el fuego del Espíritu (1 Tes. 5:19). Un ejemplo de esto es la enseñanza cesacionista, como muestro en *Fuego santo*. Tal enseñanza —que completamente no tiene bases escriturales— apaga el Espíritu antes de que se le permita manifestar su poder.

En el congreso Palabra y Espíritu en octubre de 1992, expresé por primera vez mi visión de que había un divorcio silencioso en la Iglesia, generalmente, entre la Palabra y el Espíritu. Cuando hay un divorcio, algunas veces los hijos se quedan con la madre; algunas veces con el padre. En el divorcio entre la Palabra y el Espíritu están aquellos que se quedan del lado de la Palabra y aquellos que se quedan del lado del Espíritu.

¿CUÁL ES LA DIFERENCIA?

Tome como ejemplo a los que están del lado de la Palabra. Su mensaje es que debemos

- regresar a la Biblia;

- contender ardientemente por la fe que ha sido una vez dada a los santos. (Judas 3);

- regresar a la doctrina de la Reforma (justificación por fe tal como la enseñaba Martín Lutero);

- redescubrir la seguridad de la salvación tal como la enseñaba Juan Calvino; y

- regresar a la enseñanza de la soberanía de Dios como la predicaba Jonathan Edwards.

¿Cuál es el error con este énfasis? Nada, en mi opinión; es totalmente correcto.

Tome a aquellos que están del lado del Espíritu. Su

mensaje es que debemos regresar al libro de los Hechos en donde había señales, prodigios y milagros, dones del Espíritu operando. Cuando tuvieron una reunión de oración el lugar "tembló" (Hechos 4:31). Póngase bajo la "sombra" de Pedro y será sanado (Hechos 5:15); mienta al Espíritu Santo y caerá muerto en el acto (Hechos 5:1-10).

¿Cuál es el error con este énfasis? Nada, en mi opinión; es totalmente correcto.

El problema es que ninguno aprenderá del otro; hablan sin escuchar al otro y no toman el punto de vista del otro muy en serio.

ENTONCES Y AHORA

De acuerdo con Jesús en Mateo 22:29, los saduceos ignoraban dos cosas: las Escrituras y el poder de Dios. Recuerde, las Escrituras se refiere a la Biblia (la Palabra); el poder de Dios, al Espíritu Santo (el Espíritu).

En el caso de los saduceos, solo tenían escrituras del Antiguo Testamento, por supuesto. Jesús estaba diciendo que ignoraban el Antiguo Testamento. Nosotros tenemos el Nuevo Testamento, el cual ellos no tenían. Nunca olvide que el Nuevo Testamento es tan infalible e inspirado por Dios como el Antiguo Testamento. Tienen igual estatus como la Palabra de Dios. Cuando menciono la *Palabra* o las *Escrituras* me estoy refiriendo tanto al Antiguo *como* al Nuevo Testamento.

Una diferencia entre la situación en los tiempos de Jesús y ahora sea probablemente esta: mientras que los saduceos ignoraban *tanto* la Palabra como el Espíritu, sospecho que un vasto segmento de la iglesia hoy en día a menudo es ignorante tanto de uno como del otro, o pone énfasis en uno o en otro. Están los que son expertos conocedores de la Palabra. Yo les llamo gente de la Palabra. Están aquellos que enfatizan al Espíritu Santo y son expertos conocedores de los dones del Espíritu. Me refiero a ellos como a la gente del Espíritu.

En mi experiencia, la gente de la Palabra resiente si alguien dice que ellos son ignorantes del Espíritu Santo. Se indignan. "¿Qué quiere decir? ¡Nosotros creemos en el Padre, el Hijo y el Espíritu Santo!". No quiero ser injusto, pero algunas veces me he preguntado si sus verdaderas convicciones son "Dios el Padre, Dios el Hijo y *Dios la Santa Biblia*", como a menudo lo dice Jack Taylor.

De igual forma, la gente del Espíritu se siente insultada si alguien dice que ignoran la Palabra, o al menos, la buena teología. "¡Nosotros creemos en la Biblia! ¡Eso es lo que predicamos!", dirán con fervor. Sugerir que no tienen mucho interés en la teología profunda los molesta. No lo entienden.

Por eso es que tenemos estos dos bandos hoy. Como una pareja divorciada, hablan sin prestar atención al otro, sin escucharse en realidad entre ellos dado que cada grupo está totalmente convencido de no tener ningún problema.

De modo que el problema continúa. La iglesia está dormida. El mundo se está yendo al infierno y no parece que nos importe tanto. Todos queremos quedarnos en nuestra zona de confort.

Algunos tristes acontecimientos tanto en el bando de la Palabra como el del Espíritu

Hay acontecimientos que desde el congreso Palabra y Espíritu de 1992 debo discutir, aunque ambos padecimientos han existido desde hace más tiempo que eso.

Fluctuaciones carismáticas

1. Enseñanzas de la prosperidad

El común denominador que mantuvo a los carismáticos y pentecostales juntos en los primeros años fue el énfasis en las señales, maravillas, milagros y en los dones del Espíritu, mayormente la sanidad. No obstante, eso no es verdad en algunos de los ministerios carismáticos y pentecostales de hoy, en donde el énfasis se ha desplazado hacia la enseñanza de la prosperidad.

Aquí está lo que ha sucedido parcialmente. Hubo una indudable unción de sanidad y milagros en 1950. La gente fue verdaderamente sanada —de cáncer, polio (antes de que la vacuna de Salk fuera de amplio uso) e inmovilidad—. La gente en grandes cantidades salía de las sillas de ruedas, y cada uno cargaba su silla a casa o se deshacían de ellas. Mientras tanto, algunas de las personas de alto perfil que enfatizaban las sanidades —y quienes vieron a gente sanar— comenzaron transmisiones televisivas. El dinero fluyó. Por alguna razón, las sanidades comenzaron a menguar. Con menos milagros genuinos, necesitaban otra razón para retener a la gente viendo y mantener el dinero fluyendo.

Por este tiempo, el énfasis se desplazó de los milagros de sanidad a los milagros financieros. Hoy en día, una personalidad de TV rara vez termina el show sin mencionar las finanzas e implicar que Dios no quiere que usted sea pobre. No estoy diciendo que no hay base bíblica para algo de esta enseñanza. Escribí un libro llamado *Tithing*, y en este, insisto que "usted no puede dar más que Dios"[1]. Sin embargo, me temo que algunos han ido demasiado lejos en ese énfasis.

Mi amigo, el Rev. Kenny Borthwick, un ministro de la

iglesia de Escocia y manifiestamente carismático, me dijo que a menudo ve la televisión religiosa a través de los ojos de la gente no salva. Después de ver por horas, se volvió a su esposa y dijo: "Si yo no supiera la contrario, diría que el cristianismo solo se trata de dinero".

Es más, me temo que muchos maestros de la prosperidad han dado, tristemente, mala fama a los carismáticos sinceros y profundos. Conozco a muchos carismáticos, y no deseo retratarlos incorrectamente y decir que todos los carismáticos están enfocados en la prosperidad. Con todo, no se puede negar que encontramos este énfasis insano únicamente entre los ministerios carismáticos.

2. Sanadores por fe.

Tristemente, algunos que oran por los enfermos son conocidos por tres cosas. Primero, mantienen a la gente que está en silla de ruedas alejados del frente del auditorio en donde van a tener más personas en espera de recibir oración. Un famoso sanador por fe se negó a orar por gente que estaba en silla de ruedas.[2] Segundo, comienzan culpando a la persona que necesita sanidad por su falta de fe si no son sanados, haciendo sentir culpable a la gente que tiene enfermedades o discapacidad. Esta clase de cosas no caracterizaba la era de la sanidad ungida que existió hace muchas décadas. Tercero, parece que emerge un espíritu de arrogancia en algunos cuando se trata de la propia fe. Por ejemplo, un predicador famoso dijo: "Si el apóstol Pablo hubiera tenido mi fe, no habría tenido ese aguijón en la carne".[3] Este tipo de enseñanza es equivocada, y mucha gente sincera que no conoce una sana teología es arrastrada por ella.

Fluctuaciones evangélicas

1. Evitar al Espíritu.

No entraré en mucho detalle en el asunto cesacionista. Ya he tratado eso en *Fuego santo*. Mi observación es, no obstante, que generalmente los ministros evangélicos que no son cesasionistas pueden también serlo. Mantienen una distancia prudencial de cualquiera que pueda causar revuelo. Temen perder miembros o quedar involucrados con cualquier cosa que pueda herir sus finanzas. Permanecen en su zona de confort. A menudo parecen aterrorizados con cualquier operación actual del Espíritu Santo. Encima, y voy a repetir lo que he dicho muchas veces, si no fuera por el don de hablar en lenguas, probablemente no habría objeción a los dones del Espíritu. El verdadero avivamiento nunca llega en un empaque pulcro y prolijo.

2. Evitar los asuntos serios.

Me perturba que rara vez se opongan a la masonería. Hay Bautistas del Sur —pastores y laicos— en puestos altos que son masones. Muchos, muchos diáconos y líderes laicos en diferentes denominaciones en los Estados Unidos son masones, y difícilmente alguien dice algo.

También debo mencionar la carencia de predicación acerca del castigo eterno en la mayoría de los púlpitos hoy en día. Me temo que esto también puede incluir a un creciente número de las iglesias carismáticas. Aquellos que han elegido creer en el *aniquilacionismo* —el punto de vista de que el castigo eterno significa que la gente será extinguida— han incrementado dramáticamente. También, muchos de los que rechazan el aniquilacionismo rara vez enfatizan que los perdidos irán al castigo eterno consciente cuando mueran.

Para resumir: como la iglesia de Éfeso había dejado su primer amor, el evangelio, así también muchos que creen el evangelio en su cabeza, pero no lo predican con pasión. Ganar almas nunca es popular.

Además, la mayoría de la gente hoy nunca ha escuchado la palabra *propiciación*, el corazón del evangelio. Significa que la sangre derramada de Jesús alejó la ira de Dios. La justicia de Dios fue *satisfecha* por la muerte de su Hijo. Para que la gente sea salva únicamente necesitan transferir su confianza de las buenas obras a la sangre derramada por Cristo.

LOS SADUCEOS

Consideremos cómo se relaciona esto con el pasaje que cité al principio de este capítulo. En Mato 22, cuando los saduceos vinieron a Jesús con sus sesgos y prejuicios, Jesús les dijo: "Ustedes andan equivocados porque desconocen las Escrituras y el poder de Dios" (v. 29, NVI).

Cuando la multitud escuchaba la forma en que Jesús exponía el Antiguo Testamento, *"se admiraba* de su doctrina" (Mt. 22:33, énfasis añadido). Me fascina que la enseñanza de Jesús pudiera provocar tal emoción. Estaban deslumbrados por su enseñanza. Es la misma palabra griega usada en Mateo 7:28, 29 cuando, al final del Sermón del Monte, la multitud "se *admiraba* de su doctrina, porque les enseñaba como quien tiene autoridad, y no como los escribas". Es la misma palabra usada en Lucas 9:43 cuando Jesús expulsó a un demonio; todos "se admiraban".

A menudo pienso en la canción de Graham Kendric, "Restore O Lord". Habla acerca de Dios restaurando el honor de su nombre. ¿Cómo supone usted que ocurre la restauración de ese honor? Algunos pueden decir que solo vendrá a través de la demostración de señales, maravillas y milagros. Eso puede ser cierto. Sin embargo, creo que Dios va a detener el fenómeno de las señales y maravillas de la iglesia en general hasta que dos cosas se fusionen: las Escrituras y el poder de Dios (la Palabra y el Espíritu).

Me refiero nuevamente a donde el apóstol Pablo dijo: "nuestro evangelio les llegó no solo con palabras, sino también con poder, es decir, con el Espíritu Santo y con profunda convicción" (1 Tes. 1:5, NVI). Pablo dijo a los corintios: "No les hablé ni les prediqué con palabras sabias y elocuentes, sino con demostración del poder del Espíritu" (1 Co. 2:4, NVI). Pablo constantemente combinaba las Escrituras con las demostraciones del poder de Dios: la Palabra de Dios y el Espíritu de Dios. Otra forma de explicarlo como haremos en mayor detalle después, es que la Palabra y el nombre de Dios volverán a casarse.

Pero la forma de Jesús de explicarlo en Mateo 22:29 es la combinación de las Escrituras y el poder de Dios. La palabra para *poder* es la misma que la usada en Lucas 24:49 cuando Jesús dijo: "quedaos vosotros en la ciudad de Jerusalén, hasta que seáis investidos de poder desde lo alto". Es la palabra usada en Hechos 1:8: "pero recibiréis poder, cuando haya venido sobre vosotros el Espíritu Santo". Los dos juntos —las Escrituras y el poder de Dios— son la única explicación para lo que sucedió cuando Pedro predicó en el día de Pentecostés. Fue una fuerza que desafió las explicaciones naturales. Solo Dios podía hacerlo.

Para evitar ser como los saduceos del tiempo de Jesús, debemos conocer dos cosas que ellos no sabían: las Escrituras *y* el poder de Dios. Ambos deben enfatizarse y experimentarse simultáneamente.

Los saduceos principalmente descendían de familias sacerdotales. Trazaban su linaje hasta el sacerdote Sadoc, de quien se deriva su nombre. Eran la aristocracia de ese día, menos en número que los fariseos pero de mucho mayor influencia. Los saduceos no *pensaban*, ellos *sabían*; eran los expertos en la ley de Moisés.

Los saduceos tenían un respeto mínimo por lo profético. Su autoridad era el Pentateuco, los primeros cinco libros de la Biblia. Para ellos, los profetas del Antiguo Testamento eran de segunda clase, ya fueran los profetas canónicos (aquellos que tienen un libro con su nombre, tales como Isaías o Ezequiel) o los Elías o Eliseos de las Escrituras. De acuerdo con Hechos 23:8, las principales diferencias doctrinales de los saduceos eran: (1) no hay resurrección corporal; (2) no existen los ángeles; y (3) no hay tal cosa como espíritus incorpóreos, sentían que el alma moría con el cuerpo. Eran aniquilacionistas.

Los saduceos despreciaban a Jesús de Nazaret. No les importaba que los fariseos se sintieran del mismo modo acerca de Jesús. Estaban determinados a probar que sus diferencias doctrinales eran correctas y que Jesús era un fenómeno que pronto pasaría.

En el diálogo entre Jesús y los saduceos en Mateo 22:23-32, los saduceos estaban muy orgullosos de sí mismos por llegar con un caso irrefutable que probaría su punto y pondría a Jesús en su lugar. "Maestro, Moisés nos enseñó que, si un hombre muere sin tener hijos, el hermano de ese hombre tiene que casarse con la viuda para que su hermano tenga descendencia" (NVI). A esta declaración legal siguió una ilustración, la inventaron. Era teóricamente posible, pero, en cualquier caso, servía para su propósito. "…había entre nosotros siete hermanos. El primero se casó y murió y, como no tuvo hijos, dejó la esposa a su hermano. Lo mismo les pasó al segundo y al tercer hermano, y así hasta llegar al séptimo. Por último, murió la mujer. Ahora bien, en la resurrección, ¿de cuál de los siete será esposa esta mujer, ya que todos estuvieron casados con ella?" (NVI).

Jesús no se intimidó con su intento por hacerlo caer en una trampa. Su respuesta fue: "Ustedes andan equivocados" (NVI). Una vez escuché a William Hendriksen (1900–1982) decirlo de esta forma: "Están engañados". En otras palabras: "Son ignorantes".

¡Qué cosa se le ocurre decirle a los que pensaban que lo sabían todo! ¿Cuántos de nosotros hubiéramos sido lo suficiente honestos, íntegros y objetivos acerca de nosotros mismos para ver y admitir cuando hemos sido engañados? La respuesta que estoy describiendo requiere un espíritu enseñable, la antítesis del temperamento de lo saduceos. En este caso, su mentira y su espíritu no enseñable saltaban desde su ignorancia.

Jesús dijo: "Ustedes no saben". Jesús no está usando la palabra griega *diaginōskō*, que a menudo se usa para mostrar lo que ha sido revelado. Así es como algunas personas saben las cosas: por revelación. Usa otra palabra griega, *oida*, que a menudo significa el conocimiento de un hecho bien sabido. Prácticamente Jesús está diciendo: "Son ignorantes; ni siquiera están al tanto de aquello de lo que dicen ser expertos".

¡Imagínese eso! Jesús estaba diciendo a los *expertos* en el Pentateuco: "Son *ignorantes* de las Escrituras". ¿Puede imaginarse decir eso a un profesor de seminario, un catedrático de Oxford, o un erudito del Nuevo Testamento?

Luego Jesús añadió: "No solo son ignorantes de las Escrituras, sino que son igualmente ignorantes del poder de Dios". Bueno, ¿y a qué vino eso? Ellos no estaban interesados lo más mínimo en ese tema. No habían llegado a hablar del poder de Dios; eso era lo más alejado de su mente. Fue Jesús quien lo trajo a colación. Nada era más irrelevante para ellos que eso.

Me pregunto cuántos cristianos hoy en día son así. Usted ha sentido que su conocimiento de las Escrituras es suficiente, que su énfasis en la doctrina es suficiente. Usted cree que las Escrituras son todo lo que importa, y hablar del Poder de Dios fue únicamente para la era apostólica.

FARAONES QUE "NO CONOCIERON A JOSÉ"

Lo diré nuevamente. La iglesia de hoy, en general, es como el antiguo faraón "que no conocía a José" (Éxodo 1:8). José, primer ministro de Egipto, ha hecho a los hijos de Israel héroes en Egipto. La grosura de la tierra era de ellos. El faraón de ese tiempo les dio todo lo que quisieron, pero ese faraón murió. Entre tanto, los hijos de Israel crecieron y se multiplicaron. El nuevo faraón se sintió amenazado por el creciente número de israelitas, y no le importó José, quien también ya había muerto. El nuevo faraón persiguió a los hijos de Israel. Fue como si José nunca hubiese existido.

La iglesia de Dios está llena de millones de faraones "que no conocieron a José: Hay aquellos que aspiran a hacer la obra de Dios, pero no conocen su Palabra. Me referí antes a John Wimber. Le escuché enseñar en el Royal Albert Hall de Londres, donde Lutero y Calvino nos dieron la Palabra en el siglo XVI; pero este es el siglo XXI, Dios quiere que nosotros hagamos las "obras".

Más tarde esa semana abrí mi corazón con él tan amablemente como pude: "John, estás enseñando a 'faraones que no conocieron a José'. Estás asumiendo que la gente del siglo XX tiene la Palabra porque los reformadores no la dieron hace cuatrocientos años. Muchos de los que están tratando de hacer las obras hoy no conocen en realidad la Palabra".

Bajó su cuchillo y tenedor, puso ambos dedos índices en su pecho, y dijo: "Has tocado justo el vórtice de mis pensamientos en este momento. Acepto lo que has dicho". Sentí que era sincero, pero nunca supe si intentó aplicarlo.

EL ESPÍRITU SANTO Y NUESTRA MEMORIA

En Juan 14:26, Jesús dijo que el Espíritu Santo traería a nuestra memoria lo que se nos había enseñado. Cuando usted lea ese versículo, no olvide que los discípulos de Jesús habían sido entrenados. Fueron enseñados por Jesús mismo; habían escuchado mucho y aprendido mucho. ¿Olvidarían lo que habían aprendido? "No se preocupen por eso", dijo Jesús. "El Espíritu Santo les recordará lo que hayan aprendido".

Escucho a la gente hablar acerca del deseo de ser llenos del Espíritu, y aplaudo ese deseo. Sin embargo, debo decirle que si tiene la cabeza vacía antes de ser lleno del Espíritu, tendrá la cabeza vacía después de serlo. El Espíritu no le puede recordar algo que nunca supo.

Creo que el avivamiento viene, un derramamiento sin precedentes como ninguna otra generación lo ha visto. La cuestión es si estamos listos para él. ¿Se nos ha entrenado? ¿Se nos ha enseñado? La gente que Dios más usará será aquella que haya buscado más su rostro (llegando a conocerle y deseando más *de Él*) que su mano (lo que puede obtener *de su parte*). Él está buscando gente que haya buscado su Palabra y siga asombrada de ella.

Job diría: "Guardé las palabras de su boca más que mi comida" (Job 23:12). El salmista diría: "En mi corazón he guardado tus dichos para no pecar contra ti" (Sal. 119:11). ¿Cuántos de nosotros memorizamos las Escrituras, un arte que virtualmente ha desaparecido de la tierra? Usted pregunta: "¿Qué caso tiene? ¿Por qué leer la Biblia? ¿Por qué memorizar las Escrituras? ¿Por qué soportar la enseñanza? Es tan aburrido y poco estimulante".

Yo respondo: "Un día esto dará su fruto; el Espíritu le recordará lo que ha aprendido".

La Palabra y el nombre

Este despertar sin precedente, que creo que viene, llegará cuando las Escrituras y el poder de Dios vengan juntos. Otra forma de plantearlo, como dije antes, es que la Palabra y el nombre de Dios se unan de nuevo, que vuelvan a casarse. Las dos formas en que Dios se reveló a su pueblo fueron su Palabra y su nombre. "Me postraré hacia tu santo templo, y alabaré tu nombre por tu misericordia y tu fidelidad; porque has engrandecido tu nombre, y tu palabra sobre todas las cosas" (Sal. 138:2). La versión King James lo dice bien, como menciono, dice: "Has magnificado tu palabra por sobre tu nombre".

¿Qué es la Palabra? Vino a Abraham, Isaac y Jacob. Abraham creyó y fue salvo. "Y creyó a Jehová, y le fue contado por justicia" (Gn. 15:6). La gente todavía es salva de esta manera. "Mas ¿qué dice? Cerca de ti está la palabra, en tu boca y en tu corazón. Esta es la palabra de fe que predicamos: que si confesares con tu boca que Jesús es el Señor, y creyeres en tu corazón que Dios le levantó de los muertos, serás salvo" (Ro. 10:8-9).

¿Qué hay acerca del nombre? Le fue revelado primero a Moisés. Dice en Éxodo 3:6 —el mismo versículo que Jesús cita a los saduceos: "Yo soy el Dios de tu padre, Dios de Abraham, Dios de Isaac, y Dios de Jacob. Entonces Moisés cubrió su rostro, porque tuvo miedo de mirar a Dios". Sin embargo, lea Éxodo 6:2, 3: "Habló todavía Dios a Moisés, y le dijo: Yo soy JEHOVÁ. Y aparecí a Abraham, a Isaac y a Jacob como Dios Omnipotente, mas en mi nombre JEHOVÁ no me di a conocer a ellos".

¿Cómo puede ser esto? Abraham, Isaac y Jacob supieron y respondieron a la Palabra de Dios, pero no conocieron su nombre. ¿Cómo es posible? Porque la Palabra de Dios era una prioridad sobre su nombre. Escuchar la Palabra nos salva. Así es como Dios se dio a conocer a Abraham. Así fue como Abraham fue salvo; así es como nosotros somos salvos.

Esto explica cómo es posible que la Iglesia continúe sin señales ni maravillas. Las señales y maravillas no nos salvan. Somos salvos por el Evangelio que nos dice que Jesús murió en la cruz por nuestros pecados y se levantó de los muertos. Escuchar esa Palabra de gracia y abrazarla por fe es lo que nos salva. Es por eso que iremos al cielo cuando muramos y no al infierno. La sangre que Jesús derramó en la cruz hace dos mil años es el producto más precioso en la historia de la humanidad. La sangre que goteó de sus manos, pies y cabeza clamaba a Dios, y satisfizo la justicia de Dios. Por ella somos salvos; sin ella, estamos perdidos. Es escuchar esa Palabra lo que nos trae de muerte a vida.

La gente puede ver señales y maravillas e ir al infierno. La gente puede experimentar señales y maravillas e ir al infierno. La gente puede ministrar señales y maravillas e ir al infierno. Jesús dijo: "Muchos me dirán en aquel día: Señor, Señor, ¿no profetizamos en tu nombre, y en tu nombre echamos fuera demonios, y en tu nombre hicimos muchos milagros? Y entonces les declararé: Nunca os conocí; apartaos de mí, hacedores de maldad" (Mateo 7:22, 23).

Algunas veces no puedo evitar sino maravillarme en cómo hará sentir un versículo como ese a algunos sanadores por fe y gente profética.

Dicho eso, recuerde que también es posible conocer la Palabra y estar perdido. Es posible tener una sana doctrina y nunca ser convertido. Algunas personas están bajo el ministerio de la predicación, y usted descubre, para su sorpresa, que nunca han sido convertidos. Así que no diga que solo porque usted tiene sana doctrina irá al cielo. Puede tener sana doctrina y estar perdido. El diablo cree y tiembla (Stg. 2:19).

Conozco al menos a dos personas diferentes —un diácono anciano y un muy respetado médico— quienes asistieron a la Capilla de Westminster por años, pero quienes, de acuerdo con ellos, llegaron a la seguridad de la salvación después en su vida. Uno de ellos, habiendo estado bajo mi ministerio por años, admitió que no había sido genuinamente convertido hasta que tomó el curso de Evangelismo Explosivo enseñado por el finado D. James Kennedy (1930-2007). Me sorprendí al descubrir eso. Sin embargo, esto demuestra que una persona puede estar bajo un ministerio teológico profundo —y disfrutar de predicación y enseñanza bíblica— sin ellos mismos ser convertidos o sin tener la seguridad de que son salvos. Debo añadir que ninguna de estas personas carecía de buenas obras o de una vida santa.

Ciertamente, eran ejemplares al extremo. Pero por alguna razón, la verdad de que somos salvos por "fe solamente y nada más" no había tocado sus corazones.[4] Es, después de todo, algo que puede ser revelado únicamente por el Espíritu Santo. Dicho esto, sospecho que ambos tenían, como lo declaré arriba, fe implícita.

No cometa un error: el evangelio de Jesucristo está completo sin señales ni maravillas. Sin embargo, la Biblia no está completa sin ellas.

Un día Dios se apareció a Moisés. Moisés se levantó esa semana sin saber que ese día sería diferente. Estaba cuidando las ovejas al pie del monte Horeb y vio una zarza ardiendo. Quizá no había nada raro en eso; quizá ya lo había visto antes. Pero notó algo diferente esta vez: la zarza no se consumía. Una de dos cosas podía ser cierta: O la zarza era distinta, o el fuego era diferente. Comenzó a mirar más de cerca.

Muchos quieren lo que Moisés quería. Él quería una explicación racional de lo que estaba sucediendo. Todos tenemos nuestras preguntas. Algunas cosas son demasiado profundas para ser reveladas de este lado de la eternidad. Dios dijo simplemente: "Alto. Quítate los zapatos. Estás en tierra santa" (Ver Éxodo 3:5). En este caso, un evento a través del cual Moisés nunca sería el mismo, Dios reveló su nombre: "Yo soy el que soy" (Éx. 3:14). Comenzó a decir que Él se reveló a sí mismo a Abraham, Isaac y Jacob como el Dios todopoderoso, pero que no les reveló su nombre.

Un fenómeno sin precedente acompañó a la revelación del nombre de Dios: señales y maravillas. Comenzó con una zarza ardiente. Continuó con la vara de Aarón, que se convirtió en una serpiente, y con las diez plagas de Egipto, culminando con la noche de Pascua y el cruce en seco del mar Rojo. Un tipo de poder sin precedente inauguró la revelación del nombre de Dios. Señales y maravillas desafiaban una explicación natural.

¿Cómo resumimos la relación entre su Palabra y su nombre? La Palabra relata la integridad de Dios: sus promesas, su gracia, su inhabilidad para mentir. Esta es la forma en que somos salvos. Su nombre se refiere a su honor: su reputación, su poder y su influencia.

Así que mientras la Palabra de Dios se refiere a su integridad, su nombre se refiere a su vindicación.

No obstante, lo saduceos no lo sabían tampoco. "Ustedes andan equivocados", dijo Jesús, "porque desconocen las Escrituras y el poder de Dios" (Mt. 22:29, NVI). *Ellos ni siquiera sabían lo que realmente significaba Éxodo 3:6*, que el asunto detrás del versículo era el honor de Dios. ¿Qué le *sucedió* a Abraham, Isaac y Jacob? ¿Fueron solo reliquias del pasado? ¿Murieron como perros o ganado o árboles?

Jesús dio a los saduceos la conmoción de sus vidas. Convirtió su petulante interpretación inmediatamente después, y con ello no solo afirmó la resurrección de los muertos sino la existencia de los ángeles y la inmortalidad del alma también. La existencia de un estado intermedio demanda la resurrección del cuerpo. Les dijo en Mateo 22:30: "Porque en la resurrección ni se casarán ni se darán en casamiento, sino serán como los ángeles de Dios en el cielo". *Resurrección* significa el fin de la muerte. No habrá necesidad de procreación de la raza. Seremos como los ángeles en el cielo.

En este punto, Jesús dijo, por así decirlo: "Ah, por cierto, acerca de la resurrección de los muertos, ¿no han leído lo que Dios les dice: 'Yo soy el Dios de Abraham, el Dios de Isaac y el Dios de Jacob'? Él no es Dios de muertos, sino de vivos". En otras palabras, Abraham, Isaac y Jacob están sanos y salvos. Está en el cielo ahora con los ángeles. Sus almas y sus espíritus incorpóreos están con el Señor en este momento, adorándole.

Cuatro maneras de recibir poder

Esos versos contienen las bases del poder, poder en el sentido correcto. A nivel natural, y a menudo en el sentido incorrecto, todos queremos poder. Por eso es que la gente quiere un incremento de salario. Por eso es que la gente quiere un ascenso. En 1960, a John F. Kennedy (1917–1963) se le preguntó: "¿Por qué quiere ser presidente?" Dijo: "Porque ahí se encuentra el poder".[5]

En una dimensión espiritual, debemos ser ambiciosos de poder. Jesús dijo: "…quedaos vosotros en la ciudad de Jerusalén, hasta que seáis investidos de poder desde lo alto… pero recibiréis poder, cuando haya venido sobre vosotros el Espíritu Santo" (Lucas 24:49; Hechos 1:8). Como hemos visto, el apóstol Pablo nos advirtió "que tendrán apariencia de piedad, pero negarán la eficacia de ella" (2 Ti. 3:5).

¿Entonces cuál es la base para que Dios dé poder espiritual a sus seguidores? Identifico cuatro aspectos.

1. Lectura personal de las Escrituras

Es casi cómico leer lo que Jesús le dijo a los saduceos: "Pero respecto a la resurrección de los muertos, ¿no habéis *leído*…? (Mt. 22:31, énfasis añadido). Sin embargo, debemos hacernos una pregunta: "¿He leído mi Biblia? ¿La he leído completamente?" Hay algunos que no tienen ningún plan de lectura de la Biblia, ni planes de tenerlo. Jesús quisiera decirle a usted: "No conoces las Escrituras".

Si usted es un líder de iglesia o ha sido cristiano por un buen tiempo, ¿se avergonzaría de que la gente supiera cuánto lee la Biblia o cuánto ora? Diferentes encuestas a lo largo de los años han mostrado que muy pocos cristianos pasan tiempo diario con el Señor. ¡Y nos preguntamos por qué la Iglesia no tiene poder! Martín Lutero oraba tres horas al día. John Wesley oraba dos horas al día. ¿Dónde están los Martín Lutero de hoy? ¿Dónde están los John Wesley?

Una fuerte vida personal de oración y de lectura diaria de las Escrituras son los primeros pasos para al poder del Espíritu Santo.

2. Revelación personal de las Escrituras

Note cómo Jesús lo expone: "¿no habéis leído lo que *os* fue dicho por Dios…?" (Mt. 22:31, énfasis añadido). En otras palabras, Jesús dijo: "Es para ustedes, saduceos".

No obstante, si estaba disponible para los saduceos, está disponible para cualquiera. Si pudo ser cierto para los escépticos, seguros y engreídos saduceos, es verdad para cualquiera. Dios originalmente lo dijo a Moisés, pero Jesús dijo: "Esto es para ustedes". ¿Qué es "esto"? Es revelación personal cuando la Palabra de Dios se aferra a usted.

¿Está interesado en recibir una palabra profética? Entonces le pregunto: ¿Cuándo fue la última vez que las Escrituras se aferraron a usted y llevaron conocimiento de revelación a su vida? Si un texto se aferra a usted, las probabilidades son de que usted se va a aferrar a él. ¿Cuándo fue la última vez que el Espíritu de Dios fue directo a su corazón como un rayo láser cuando estaba leyendo la Biblia?

3. Reflexión personal en las Escrituras.

Quizá conoce las palabras familiares de Éxodo 3:6; ya casi se convirtieron en cliché: "Yo soy... el Dios de Abraham, el Dios de Isaac y el Dios de Jacob". Estas palabras también fueron conocidas por los saduceos como para nosotros lo es un verso como Juan 3:16 —la Biblia resumida—.

Jesús dijo: "¿No han leído Éxodo 3:6?". ¿Cómo se sentiría si alguien le dijera: "¿No has leído Juan 3:16?". Usted podría decir: "¡Estás bromeando!".

Puede escuchar el penetrante sarcasmo en las palabras de Jesús: "¿no habéis leído lo que os fue dicho por Dios...?". Por supuesto, usted no podía haber dicho a los saduceos nada acerca de Éxodo 3:6. Ese verso era para ellos como el ABC. Para ellos solamente significaba: "Adoramos al mismo Dios en nuestros días que ellos adoraban en su tiempo". Jesús prácticamente está diciendo: "Error. Se perdieron por completo el verdadero significado. Lo que significa es que Abraham, Isaac y Jacob están *vivos*. Dios no es Dios de muertos, sino de vivos".

Los saduceos fueron devastados y humillados.

Muchos de nosotros nos encerramos en un punto de vista concerniente a ciertos versículos bíblicos o enseñanzas, tal como los saduceos. Algunos de nosotros creemos saberlo todo. Hemos aceptado un punto de vista de segunda mano sin cuestionarnos nada. Tenemos revelación de la Biblia y doctrina de segunda mano. "Fulanito" lo cree, yo lo creo. Así me lo enseñaron, y, por lo tanto, siempre lo he creído".

A menudo no hay una reflexión personal por la que adquiramos el verdadero significado de cualquier versículo. Viene al vaciarnos a nosotros mismos ante el Señor. Venga a Él con franqueza, diciéndole: "Señor, ¿es posible que esté equivocado respecto a la comprensión de este versículo, o de este punto de vista?".

4. Dar libertad personal al Espíritu

Para muchos de nosotros, de todo, esto es lo más difícil de hacer. Significa desistir de cualquier reclamo a Dios, de un sentimiento de privilegio, como si Él nos debiera algo. Este es un gran paso de fe.

Para algunos, puede parecer impropio hablar acerca de liberar al Altísimo, liberar al Espíritu Santo o dejar libre a Dios, pero es verdad. Atamos al Espíritu al aferrarnos a nuestro miedo o al permanecer en nuestra zona de confort. Liberamos al Espíritu no solo al perdonar totalmente a cada persona en la tierra sino al caminar en fe para hacer lo que Él ha ordenado.

Moisés tuvo que hacer eso. Tuvo que levantar esa vara. El Señor dijo a Moisés:

> ¿Por qué clamas a mí? Di a los hijos de Israel que marchen. Y tú alza tu vara, y extiende tu mano sobre el mar, y divídelo, y entren los hijos de Israel por en medio del mar, en seco.
>
> —Éxodo 14:15, 16

Sencillamente, liberar al Espíritu es tener el valor de hacer lo que Dios le diga que haga. Usted sabrá en el fondo de su corazón lo que Dios le está poniendo. Tuve que invitar a Arthur Blessitt a la Capilla de Westminster. Tuve que ir a las calles de Buckingham Gate y Victoria personalmente y hablar a los transeúntes acerca de Jesucristo. Sabía que pagaría un precio, pero valió la pena. Tuve que estar dispuesto a cantar coros y canciones modernas en la adoración, un procedimiento sin precedente para nosotros en la Capilla de Westminster. El 6 de junio de 1982, tuve que dar mi primera invitación al final de un sermón para llamar a la gente a pasar al frente a confesar su fe, una práctica que nunca antes se había realizado en la Capilla de Westminster.

Tan incongruente como pueda parecer, cuando dejo al Espíritu Santo libre, yo también soy puesto en libertad. También me parece interesante que mi primer sermón acerca de la vida de José —que se convirtió en mi libro *God Meant It for Good* (MorningStar Publications)— fue cuando hice el primer llamamiento a la gente para pasar al frente a confesar abiertamente a Cristo. El Dr. Lloyd-Jones nunca lo hizo. Él razonaba que uno puede usurpar la obra del Espíritu Santo si uno persuade a la gente de pasar al frente, como algunos evangelistas lo han hecho y lo hacen. Pero yo nunca hice eso y nunca lo haré.

Escribí un libro, *Stand Up and Be Counted* (Zondervan), mi boceto para hacer un llamamiento sin presionar a la gente y honrar al Espíritu y no usurpar su lugar. De hecho, cuando el Dr. Lloyd-Jones predicaba por mí en mi pequeña iglesia en Lower Heyford, Oxforshire, yo *siempre* hacía un llamamiento después de su sermón. Él me dijo textualmente: "No tengo ningún problema con la manera en que lo haces". Le di a la gente la oportunidad de hacer lo que *querían* hacer, no lo que no querían hacer. ¡Pero todavía necesito valor para hacerlo! Este es un ejemplo de dar libertad al Espíritu.

Sin embargo, también debemos liberar al Espíritu cuando buscamos tanto el fruto como los dones del Espíritu con igual seriedad; cuando dejamos de apagar al Espíritu con nuestros temores, prejuicios y terquedad, y cuando le permitimos a Dios ser Dios. Liberamos al Espíritu cuando estamos dispuestos a perdonar a aquellos que nos lastiman en cualquier manera (Ef. 4:30-32). Guardar rencor ata al Espíritu; el perdón total lo libera. Puede ser sorprendente cómo despojarse de la amargura erradica muchos prejuicios.

La liberación del Espíritu viene del Espíritu mismo. Es lo que Él hace, ¡y la prueba de que Él lo ha hecho es que incluso usted se siente libre! Donde está el Espíritu del Señor, ahí hay libertad (2 Co. 3:17).

La pregunta para hacer es, como discutimos en el capítulo 2, ¿cómo va a ponerse en buenos términos con el Espíritu Santo? Si queremos poder, tiene que venir del Espíritu Santo; si vamos a estar en buenos términos con Él, entonces tenemos que estar en buenos términos con su libro, su mayor producto. Le honramos cuando mostramos que amamos su Palabra, tanto que queremos conocer la Biblia de atrás para adelante.

¿Dice que ama al Espíritu Santo? Él le pregunta hoy: "¿En realidad lo haces?". Una liberación del Espíritu Santo resultará en una renovación personal de poder que restaurará el honor del nombre de Dios.

Discúlpeme si me equivoco, pero sospecho que cuando se trata del tema *Palabra y Espíritu*, los evangélicos parecen más interesados en la Palabra que lo que lo están en el Espíritu Santo. Los carismáticos parecen más interesados en el Espíritu Santo de lo que lo están en la Palabra. Mi punto de vista es que debemos amarlos a los dos igualmente, perseguirlos a ambos igualmente y enfatizarlos igualmente.

Me temo que algunos tienen tan poca confianza en la autoridad de la Palabra que difícilmente ha cruzado por sus mentes cómo la Palabra de Dios puede asombrar. Como vimos antes, Jesús podía asombrar a la gente con la Palabra tan fácilmente como podía hacerlo con las señales y milagros. Usted podrá decir: "Bueno, si tan solo pudiera tener las enseñanzas de Jesús personalmente todo el tiempo, también estaría asombrado".

Yo respondo: tiene con usted al mayor expositor. Está en usted: el Espíritu Santo. Liberaremos al Espíritu en la medida en que (1) permanezcamos asombrados de su Palabra; (2) dejemos de apagar al Espíritu con la incredulidad; y (3) dejemos de contristar al Espíritu con la amargura y la falta de perdón.

El alcance del poder, por lo tanto, se hallará en la medida en que valoremos su propia Palabra. Las señales que seguirán serán su sello sobre nosotros. El poder que fluye de su nombre será en proporción de nuestro amor por su Palabra. Cuando expresemos ese amor, no se sorprenda de ver que ocurren sanidades, milagros, señales y maravillas durante la predicación del Evangelio. Puede no haber necesidad de que la gente se forme en filas para que oren por ella. Puede suceder justo ahí donde la gente está.

Mi padre me puso mi nombre por su predicador favorito, el Dr. R. T. Williams (1883–1946), quien acostumbraba decir a los jóvenes predicadores: "Honren la sangre y honren al Espíritu Santo". Con eso, quería decir que el Evangelio debe enfatizar la sangre de Jesús y que el Espíritu Santo debe tener el control del servicio que dirigimos. Nunca debemos eclipsar el evangelio, pero debemos estar abiertos al Espíritu.

Yo, por lo tanto, temo a ese divorcio silencioso que ha

acontecido entre la Palabra y el Espíritu, entre la Palabra y el nombre, entre las Escrituras y el poder de Dios.

En nuestros días, existen aquellos cuyo único énfasis es la Palabra. Otros dicen: "Quiero ver poder". Hay aquellos que vienen a nuestros servicios esperando escuchar la Palabra. En la Capilla de Westminster acostumbraba escuchar: "Muchas gracias por su palabra". Para eso fueron; eso fue lo que obtuvieron. Otros querían ver una demostración de poder. Quieren ver que ocurran cosas.

Cuando estos dos —la Palabra y el poder del Espíritu— se juntan, ocurre un nuevo casamiento. La combinación simultánea creará combustión simultánea. Vendrá el día en que los que vengan a ver, escucharán, y los que vengan a escuchar, verán.

PARTE III:
EL PRÓXIMO
GRAN MOVER
DE DIOS

Capítulo nueve

DONDE LAS PROMESAS Y EL PODER SE UNEN

…pues nuestro evangelio no llegó a vosotros en palabras solamente, sino también en poder, en el Espíritu Santo.

—1 TESALONICENSES 1:5

Tomé prestado el título de este capítulo de una línea de la canción "Jesus, Restore To Us Again" de Graham Kendrick, cantada por primera vez en la conferencia Word and Spirit en 1992. Se siente emocionante pensar en un lugar donde las promesas (la Palabra) y el poder (el Espíritu) se encuentren. ¿Pero cómo funciona? ¿Cuál es el punto donde las Palabra y el Espíritu se unen? ¿Qué diferencia hace? En este capítulo me esforzaré por responder estas preguntas, mientras describo lo mejor que puedo cómo se verá cuando la Palabra y el Espíritu se unan.

CINCO NIVELES DONDE LA PALABRA Y EL ESPÍRITU SE FUNDEN

Primero, creo que hay cinco niveles donde la Palabra y el Espíritu se unen.

Nivel uno: creyendo en ello

Seamos sinceros. Sea que lo aceptemos o no. Creamos que es un concepto válido o no. Algunos podrían decir que la separación entre la Palabra y el Espíritu es una falsa dicotomía; la Palabra y el Espíritu nunca se separan. Si quien toma este punto de vista de que la Palabra y el Espíritu siempre fluyen juntos y que no hay tal cosa como una separación (o divorcio) entre la Palabra y el Espíritu, entonces este libro es falso, por lo tanto, irrelevante. Si esto es lo que usted cree, entonces este libro no tiene oportunidad de impactarle, mucho menos cambiará su vida. Entonces, la primera pregunta es: ¿lo que he escrito en este libro es verdadero o falso?

Nivel dos: haciendo hincapié en ello

Existen aquellos que creen lo que he escrito. Piensan que es una buena palabra, dada en el tiempo correcto. No solamente eso, uno debe hacer hincapié de vez en cuando acerca de la idea de que acercar a la Palabra y al Espíritu juntos es una buena idea. Debemos ver esto como la unión ideal, a saber, la Palabra y el Espíritu unidos.

Sobre esto, a aquellos quienes afirman con su cabeza positivamente, algunos dicen: "Necesitamos más de este énfasis", pero siempre como una cosa futura que hay que anticipar o sobre la que hay que orar, o esperar pateando una lata en el camino. Entretanto, tenemos otras cosas importantes sobre las cuales pensar, y nada ocurre en realidad. Tal vez es como quienes no son cesacionistas, pero no tienen preocupación si la Palabra y el Espíritu alguna vez se unen simultáneamente.

Nivel Tres: inténtelo

En la Capilla de Westminster comenzamos servicios de sanidad y oración por las enfermedades, en sintonía con la Cena del Señor. Luego, fuimos movidos a orar por las enfermedades cada domingo por la tarde posterior a la predicación. Nuestros diáconos fungieron como ancianos. Aquellos quienes buscaban unción con aceite llamaron a los ancianos de la iglesia (Stg. 5:14) y se sentaron al frente de las filas de la iglesia. Esto hicimos por los últimos años que estuve en Westminster. Vimos sanidades genuinas (no muchas, pero sí algunas). Valió la pena hacerlo, no solamente por las sanidades sino también porque esto trajo cercanía entre unos y otros.

Hicimos lo mejor de nosotros para dar al Espíritu Santo la oportunidad de obrar. Mi parte fue predicar la Palabra.

De la misma manera, estuvimos abiertos al Espíritu al ofrecer unción con aceite. Sin embargo, hay más. Toda la congregación que permaneciera después de la predicación debería estar en una actitud de oración. Cualquier que no quisiera estar orando, o recibir oración, se le invitaba a ir a casa o al salón de atrás por café. Esto significaba que todos en el auditorio principal estaban invitando al Espíritu Santo a manifestarse de cualquier forma que a Él le placiera hacerlo. Una gran presencia de Dios llegó a ocurrir con regularidad hacia mis últimos días en la capilla.

Nivel Cuatro: pruébelo

Al referirnos a nuestras prácticas en Westminster, Dios ciertamente nos dio una probada, pero solamente una probada, lo suficiente como para hacer que se quiera más. Vimos sanidades incuestionables, así como liberaciones (como la de un hombre quien no había tenido una noche completa de sueño durante veinticinco años debido a una interferencia demoniaca y que fue libre). Hubo otros de quienes oiríamos más tarde.

El avivamiento por el que oré jamás vino a la capilla Westminster. Luego de la visita de Arthur Blessitt en 1982, nuestro ministerio *Pilot Light* trajo una gran conmoción por un tiempo, la peor prueba de toda mi vida. Por otro lado, hubo una unción que asentó en la capilla y que se estableció durante todo mi tiempo allí: una presencia dulce, de gran unidad, paz, alegría, y predicación sencilla. Todo era una muestra de Palabra y Espíritu fusionándose.

Nivel Cinco: experimentando la plenitud del poder

Plenitud del poder significa verdadero avivamiento, el cual nunca tuvimos verdaderamente en la Capilla Westminster, pero fue por lo que oraba a diario —ese "Isaac" llegaría. (Explicaré más de esto en el capítulo 11). Este era un mover del Espíritu Santo que aun excederá al Gran Avivamiento de Nueva Inglaterra, el Avivamiento de Cane Ridge, el Avivamiento de Wesley en Inglaterra, y el Avivamiento de Welsh. No sé dónde comenzará (posiblemente en Londres), pero será un fenómeno mundial. Así lo puso una persona profética: "un resurgir del temor de Dios está por venir". Caerá "repentinamente, inesperadamente, sin previo aviso". No será un "*encore*" como en un concierto, sino algo sin precedente. Aquel profeta agregó que "será una pérdida de tiempo decirle a la gente que esté preparada. Solo llegará".

Espero que esté en lo correcto. Creo que lo está. Es por lo que he vivido y por mucho tiempo más que por cualquier otra cosa en el mundo. Smith Wigglesworth lo profetizó justo antes de morir. Será una señal del final del divorcio silencioso entre la Palabra y el Espíritu.

LA PALABRA, EL ESPÍRITU Y LA PREDICACIÓN

He decidido escribir varios de los párrafos siguientes en el contexto de la predicación, pero creo que los cristianos de cualquier vocación pueden aplicar estos principios en sus vidas. Por favor, no pase por alto esta sección si usted no es un ministro de comercio; todos somos llamados a compartir el evangelio con los perdidos alrededor de nosotros. Podría usted nunca estar detrás de un púlpito, pero puede alcanzar a personas con el evangelio que su pastor nunca podrá hacerlo. Mi oración es que Dios use esta enseñanza para encender el ministerio personal de cualquier cristiano.

Predicación experimental es mi término para referirme a una predicación ungida. Nadie ha mejorado lo que Phillip

Brooks (1835-1893) definió como *predicación*, y que impartió en sus históricas lecturas en Yale. Él definió la *predicación* como "acercar la verdad a través de la personalidad".[1] Yo podría definir la *predicación experimental* como "liberar al Espíritu Santo para que sea Él mismo". Considero la predicación como un experimento, una prueba de si el Espíritu Santo puede o no pasar *por encima de mí*.

Conforme a Aristóteles, la predicación experimental supone una tesis o premisa mayor, luego una premisa menor o hipótesis, y luego una conclusión. Mi tesis es:

- Premisa mayor: el Espíritu Santo quiere ser Él mismo para las personas a las que me dirijo.

- Premisa menor: Yo soy un instrumento del Espíritu Santo.

- Conclusión: el Espíritu se convierte en sí mismo para las personas a las que me dirijo.

Predicación experimental es lo que nuestros padres llamaban unción. Es bastante extraño, porque las palabras *unción* y *ungir* son usadas pocas veces en el Nuevo Testamento, y el significado no se ajusta con lo que por lo regular se refiere a "predicación con unción". Unción o ungir viene de la palabra en griego *chrisma*, que no *charisma*, que viene de una raíz diferente. *Chrisma* significa ungir.[2] La raíz de la palabra es *chrio*, de donde proviene el nombre Cristo, que significa el ungido.[3] Hay otras palabras griegas, como *parresia*, que significa audacia o libertad, y aun varias formas de *logos*, el cual por lo regular expresa mejor lo que nuestros padres llamaban "unción". De este modo, Pablo expresó el deseo de que le fuera dada "palabra" —logos— en Efesios 6:19.

UNA PALABRA GRIEGA INUSUAL

Hay una palabra griega inusual usada únicamente en el libro de los Hechos. La palabra griega *apophtheggomai* es traducida de tres diferentes maneras, dependiendo del uso del tiempo gramatical: "hablasen" (2:4) "habló" (2:14) y "hablo" (26:25).[4] Debido a esto, es casi imposible dar el significado exacto, pero una cosa es clara: se refiere a hablar alto, probablemente con voz muy alzada.

No me gustaría llevar este punto demasiado lejos, pero es de notar para mí que la misma palabra griega, *apophtheggomai*, es usada (1) para la habilidad de hablar en lenguas (Hch. 2:4), lo cual es supernatural; (2) la predicación de Pedro en el día de Pentecostés (v.14), cuando él recibió los más altos niveles de unción; y (3) cuando Pablo se dirige al rey Agripa (26:25), un momento muy importante en el ministerio de Pablo. No puedo estar seguro de por qué Lucas escoge esta palabra, pero es interesante que la usa para referirse a estos tres extraordinarios eventos. La implicación es que lo que se le permitió hablar a los discípulos en lenguas es lo que se le permitió a Pedro predicar como lo hizo y a Pablo hablar ante Agripa como lo hizo. En otras palabras, estos tres eventos se refieren a un poder inusual.

Para decirlo de otra manera, lo que los 120 discípulos en el Aposento Alto podrían hacer solo cuando el Espíritu los habilitó en el día de Pentecostés —pronunciar palabras en otras lenguas— es lo que Pedro hizo cuando predicó en su *propio* lenguaje en el día de Pentecostés. Para que Pedro hable poderosamente en su propio lenguaje, él debe tener el mismo poder que capacitó a los 120 a hablar milagrosamente en otros idiomas.

Pedro habló en su propio idioma; pero él poseyó la misma habilidad para pronunciar las palabras. Pablo no dudó en hablar en su propio idioma ante Agripa; pero Lucas usa esta palabra para lo que requería ayuda inusual.

Estamos hablando de un poder muy inusual, un tipo de poder que personalmente he experimentado (tal vez) un par de ocasiones, pero el poder solo puede estar presente cuando el Espíritu es liberado para ser Él mismo.

Muchas de las palabras griegas mencionadas en estas líneas parecen similares de primera instancia. Algunas lo son, algunas no. Por ejemplo, *carisma* y *chrisma* suenan parecido y se ven muy iguales, pero provienen de diferentes raíces de palabras. Quiero agregar que la palabra en griego *chrisma* es una palabra válida para predicación experimental (1 Juan 2:20, 27). Viene de *chriō*, que se refiere al acto de embadurnar con un ungüento,[5] similar a cuando el salmista se refiere al "buen óleo sobre la cabeza, el cual desciende sobre la barba, la barba de Aarón" (Sal. 133:2).

Chrisma no es la misma cosa que *charismata*, que significa don de gracia. Ni siquiera proviene de la misma palabra griega. Pero tristemente hoy parece que la gente está más interesada en *charismata* o *charisma* que en la discreta cualidad inherente de la unción *chrisma*.

Ahora, necesitamos esta unción sobre nuestra predicación y por sobre todo. En mi opinión, unción o ungir simplemente abrirán nuevas perspectivas para hacer la predicación verdaderamente grandiosa una realidad. Cuando esta dimensión sea recobrada por el púlpito moderno, podrá hacer más para restaurar el respeto público hacia la Iglesia y la fe cristiana que cualquier cosa que yo conozca.

Mi tesis, por tanto, es que el Espíritu Santo quiere ser Él mismo y alcanzar aquellos a los que me dirijo sin trabas, sin pena, sin cansancio, y con notoriedad. Está dentro de mi poder obstaculizar o liberar el Espíritu. La cuestión es, ¿bloquearé al Espíritu o lo dejaré por sobre de mí?

Una famosa historia acerca de Juan Calvino (1509-1564) y Martín Lutero ilustra mi intención. No hay prueba de que Calvino alguna vez se reunió con Lutero cara a cara, pero el primero consideró a Lutero como un padre en la fe. Calvino escribió una carta haciendo sugerencias a Lutero acerca de la doctrina de la Cena del Señor. Desearía que Lutero hubiese recibido la carta de Calvino; Lutero necesitaba lo que Calvino tenía que decir al respecto. Pero Philip Melanchthon (1497-1560), quien estaba del lado de Lutero, bien o mal interceptó la carta, la leyó, y nunca dejó que Lutero la viera, por considerarla algo demasiado sensible de leer para el anciano Lutero.[6]

Nosotros también podemos hacer este tipo de cosas con aquellos a quienes predicamos o enseñamos. Estando temerosos para dejar oír a nuestros oyentes las experiencias de lo que el Espíritu puede ser y hace. Podemos bloquear al Espíritu de ser Él mismo porque tenemos temor de la reacción de ellos.

Vince Lombardi (1913-1970), quien fue el gran entrenador de la historia de futbol americano de todos los tiempos, fue cuestionado acerca de su secreto para ganar muchos partidos de futbol. Y contestó: "Ganar no es cualquier cosa; es lo único".[7] Comparto el mismo sentimiento al considerar la unción. Es lo que debemos querer más que otra cosa y a lo que debemos aspirar más que cualquier meta que podamos concebir. No puede ser algo que busquemos *alguna* vez, debe ser algo que persigamos *todo* el tiempo, cada minuto del día.

Esto es el porqué y el cómo a lo que Pablo se refería al decir que su mensaje venía en el poder del Espíritu (1 Cor. 2:4) y que el evangelio que él predicaba no venía con palabras simples sino con el poder y el Espíritu Santo (1 Tes. 1:5).

Pablo también dijo, y es algo que me molesta de mí, que él buscó predicar "no con palabras ingeniosas, por temor a que la cruz de Cristo perdiera su poder" (1 Cor. 1:17 NTV). La razón de esta molestia conmigo mismo es porque soy culpable con demasiada frecuencia de usar "palabras ingeniosas" o de "sabiduría humana", como cuando recurro a un acróstico o una aliteración en un sermón.

¿Podría no estar equivocado en decir que éste tipo de predicación es algo muy raro hoy día? Por todo lo que conozco, esto es algo que no puede ser transmitido por la palabra impresa o a través de audio o grabaciones de video. Nunca olvidaré la primera vez que eché un vistazo a un sermón de George Whitefield; leí una página, encontré muy poca sustancia, y pensé: "Bueno, es Whitefield, intentaré en otra página". Continué leyendo, terminé el sermón, y pensé: "¿Qué rayos es esto?". Leí otro sermón, y no podía creerlo. Eran impresionantemente simples.

Lo mismo es indubitablemente cierto de John Sung (1901-1944), el hombre que vio un gran avivamiento en China durante la década de 1920 a 1930. Conocí a un hombre que se convirtió al escuchar a Sung, y me hablaba de él, describiendo sus sermones y su impacto. Anhelaba el día cuando pudiera leer alguno de los sermones de Sung. Finalmente, obtuve una copia; se veía totalmente desprovisto de contenido sustancial.

El Dr. Martin Lloyd-Jones amaba contar la historia de una pareja americana quienes cruzaron el Atlántico unos doscientos años atrás, esperando escuchar a Whitefield predicar en su Tabernáculo en Tottenham Court Road, en Londres. La pareja contó que tuvieron un cruce muy difícil. Ellos llegaron a Southampton muy cansados; pero preguntaron si George Whitefield estaría en su púlpito el domingo. Llegó la noticia de que él estaría allí, por tanto, al siguiente día, todavía cansados por el viaje, ellos se sentaron en el Tabernáculo con gran expectación.

Cuentan que cuando él se paró, también parecía cansado. Pensaron que tal vez, había estado muy ocupado y no había tenido tiempo para prepararse. De primera mano, su sermón se veía muy divagante, y pensaron, "¿Qué hemos hecho, todo lo que hemos atravesado por esto?".

Pero durante el sermón, algo indescriptible ocurrió y la atmósfera se convirtió en algo celestial. Después, la pareja dijo que habrían cruzado mil mares para estar allí. Ellos dejaron el Tabernáculo *físicamente* y descansado del viaje. Según se dice, alguien vino con Whitefield y le pidió permiso para imprimir su sermón. Whitefield contestó: "Sí... si puedes entrar entre el trueno y el relámpago".

Como ya dije, creo que un par de ocasiones he experimentado en mi ministerio un toque de este poder. La primera vez fue un domingo por la noche en Bimini, Bahamas, cuando prediqué ante el Rev. Sam Ellis (1919-2003), conocido como Bonefish Sam, el famoso guía de pesca. Esa mañana había predicado ante el Dr. D. James Kennedy en la iglesia Coral Ridge Presbyterian en Fort Lauderdale, Florida. Volé a Bimini la misma tarde para predicar en la pequeña iglesia ante diecinueve personas presentes. Esa mañana había predicado vestido con la formalidad propia del Dr. Kennedy; durante la tarde-noche, en mangas cortas y zapatos tenis.

En Bimini, mientras todos nos arrodillábamos para orar, pregunté al Señor sobre lo que debería hablar. Vino a mi mente Hebreos 13:8: "Jesucristo es el mismo ayer, hoy y siempre". La presencia de Dios fue tanto repentina como real para mí, como cuando fui bautizado con el Espíritu en octubre 31 de 1995. La persona de Jesús fue tan real.

Hablé a los bahameños sobre cómo Jesús es el mismo aun en su aspecto: Él todavía tiene las marcas de los clavos en sus manos. Tuve un poder muy inusual ante este pequeño grupo, nada parecido a lo que haya experimentado alguna vez. Cuestioné al Señor: "¿Por qué no me diste este poder durante la mañana en Coral Ridge con aquellos 'americanos importantes' presentes? ¿Por qué no me diste esto en la Capilla Westminster?".

No sé la respuesta. Solo sé que Dios lo hizo ante diecinueve bahameños quienes probablemente nunca pondrán el mundo de cabeza.

En la Capilla de Westminster aquello ocurrió solo una vez en veinticinco años. Cuando prediqué sobre Filipenses 1:12: "Las cosas que me han sucedido, han redundado más bien para el progreso del evangelio", he aquí, Dios me dio una visión y poder inusuales. Cuando tomé mi asiento, había una sensación de temor en todos los presentes. ¡Guau! Siempre había esperado por largo tiempo por un toque de unción, y por una vez, sucedió. Nunca olvidaré esto mientras viva.

El Dr. Lloyd-Jones llamó a esta unción un "acceso al poder". Es "Dios actuando". Le recuerdo mi tesis: el Espíritu Santo quiere ser Él mismo ante las personas a las que me dirijo. "El espíritu a la verdad quiere, pero la carne es débil" (Mt. 26:41), y aun yo soy el instrumento del Espíritu; permanezco entre Dios y los hombres tanto para interceptar como para transmitir lo que el Espíritu quiere ser y hacer. Si yo no bloqueo al Espíritu, Él será Él mismo para mis oyentes.

¿CÓMO PUEDO BLOQUEAR AL ESPÍRITU?

Sabiduría humana

El Espíritu puede ser bloqueado por palabras de humana sabiduría. Esta es una de mis más grandes tentaciones, especialmente cuanto todo lo que pronuncio públicamente es grabado y algunas veces será impreso. Por lo que una tentación para mí es escribir un libro en lugar de predicar un sermón. Esto alienta un desequilibrado énfasis en el uso correcto de las palabras.

El apóstol Pablo fue uno de los más grandes intelectuales en la historia del mundo, uno de los más grandes de la retórica de todos los tiempos. Si alguien pudiera hablar con "las palabras de humana sabiduría" era él. Si usted no cree esto, lea 1 Corintios 13. Sin embargo, si Pablo hizo cualquier esfuerzo en absoluto, esto fue el ser cuidadoso de *no hablar* de tal forma que pudiera llamar la atención por frases elegantes en lugar de llamar la atención hacia la cruz. El gran Charles Spurgeon solía decir: "Trabajo para ser claro".[8]

Hay tres reglas aquí:

1. No trate de ser elocuente.

2. No trate de ser elocuente.

3. ¡No trate de ser elocuente!

Pervertir el texto

Podemos bloquear al Espíritu si no permitimos que el verdadero significado del texto fluya sin trabas. La unción del predicador debe ser transparente como un cristal que no llame la atención hacia sí mismo, permite ver a otros a través de ella. Cuando distorsionamos el texto, somos como ventanas agrietadas, o peor aún, vitrales a través de los cuales ni siquiera intentar mirar.

Podemos mal manejar un texto de tres maneras. Primero, sacar un texto de su contexto. Segundo, adjudicar una idea, por válida que sea, que el texto no alude. Tercero, anteponer nuestra idea por encima del texto.

El Espíritu escribió el texto, y el Espíritu conoce lo que significa. Mi deber es descubrir el significado del texto, no sonar listillo o adjudicar ideas o anteponer mi opinión por sobre el texto. El texto debe hablar por sí mismo.

Copiar a otros

Bloquea al Espíritu cuando no soy yo mismo o cuando intento imitar a alguien más. Tendemos muy a menudo a suponer que hay una cualidad en otro que creemos que no está en nosotros. Vemos esto en otra persona y adoptamos sus maneras. Pensamos: "Voy a ser así y todos van a pensar que soy como él".

Hace algunos años hubo un predicador memorable en Texas y quien era inusualmente poderoso. Tenía una poderosa unción sobre él, pero cuando se ponía en marcha, colocaba su mano izquierda sobre su oreja (nadie sabe por qué hacía esto). Él simplemente seguía predicando. Hicieron a ese hombre profesor de predicación del Southwestern Theological Seminary en Fort Worth, Texas. ¡Siempre se podía identificar a sus estudiantes! Cuando esos jóvenes pensaban que estaban "en la unción", ¡esa mano izquierda se la ponían sobre la oreja!

Conté esa historia en el Southwestern Baptist Theological Seminary, con la esperanza de desempolvarla. Funcionó. Un viejo profesor vino a mí después del servicio. Dijo: "Sé exactamente a quién te refieres".

Dije: "Bueno, ¿podría de favor decirme por qué esa mano izquierda iría por encime de su oreja izquierda?".

Él dijo: "Es muy simple. Él tenía dificultades para oírse, y él podía escucharse mejor a sí mismo cuando él hablaba así". Pero aquellos jóvenes no sabían eso. Ellos simplemente estaban imitando un extraño hábito, ¡pensado que esto era parte de la unción!

El Dr. Lloyd-Jones contó una historia similar. Dijo: "Había un hombre en South Wales que tenía un excéntrico hábito. Cuando predicaba, su cabello se le iba por encima de los ojos. Y no tomaba su mano para echárselo para atrás, sino que se lo sacudía hacia atrás. Efectivamente, los predicadores jóvenes por todo South Wales comenzaron a sacudir sus cabezas cuando predicaban". Lloyd-Jones agregó que uno de los predicadores comenzó a sacudir su cabeza ¡y era pelón!

Lidiar con nuestra personalidad es una de las cosas más duras en el mundo para algunos de nosotros. Tuve que admitir desde hace mucho que yo no era Martin Lloyd-Jones (aceptar yo mismo el riesgo de que la gente pensara que no soy yo mismo). ¿Por qué? Porque debí darme cuenta de que yo bloqueaba al Espíritu cuando no era yo mismo. Dios me hizo de la manera que soy; Él lo hizo de la manera en que usted es. Él lanzó muy lejos el molde después de haberlo creado a usted.

Necesitamos aprender esto. Nosotros le damos gloria a Él cuando nos aceptamos a nosotros mismos. Cuando usted aprende a gustarse a sí mismo, Dios lo hace. Nos mira de arriba a abajo y dice: "Bueno, me siento complacido de que te gustes a ti mismo; tú sabes, Yo te hice de esa manera". Nosotros, por lo tanto, le damos el lugar a Él cuando nos aceptamos a nosotros mismos tal cual somos.

Evitando pasajes difíciles

Bloqueamos al Espíritu cuando no seguimos el significado obvio del texto, así como sus implicaciones. Considero que a algunos predicadores nos les gusta predicar a través de todo un libro de la Biblia o a través de un capítulo verso por verso porque están temerosos de enfrentar ese verso que siempre causa problemas o dudas. Pueden no conocer lo que el verso significa, o tener temor de discutir lo que significa, por lo que en su lugar saltan de un lado a otro por toda la Escritura. Algunas veces piensan que ese verso les robará la oportunidad de ser elocuentes; pero hacerlo de otra manera es como robar a la audiencia la simple verdad que tienen derecho a escuchar.

De regreso a 1979, me sentí dirigido a predicar a través del libro de Santiago. Pero dudé en hacerlo porque no entendía Santiago 2:14: "Hermanos míos, ¿de qué aprovechará si alguno dice que tiene fe, y no tiene obras? ¿Podrá la fe salvarle?". Conozco la opinión tradicional, que dice que somos salvos por fe solamente, pero la fe que salva no está sola; siempre habrá obras que muestren que uno es salvo. Pienso que no es a lo que Santiago se refiere. ¿Entonces qué quiso decir Santiago? Yo creo que el Espíritu Santo me impulsó a que si yo comenzaba en Santiago 1:1, podría saber lo que Santiago 2:14 quiere decir cuando llegue a ese punto. ¡Y eso es lo que ocurrió! Comparto esta historia con mayores detalles en *Whatever Happened to the Gospel?* Cuando llegué hasta Santiago 2:14 en la serie de sermones, el significado se abrió ampliamente: el verso no está hablando de la seguridad de la salvación, pero sí del efecto que las obras tienen en otros, especialmente en la gente pobre. En realidad, a quien se refiere la expresión "salvarle" en Santiago 2:14 (acusativo, masculino, singular) se refiere al *hombre pobre* en Santiago 2:6 (acusativo, masculino, singular). Compartí esto primeramente con el Dr. Lloyd-Jones. Él me miró y me dijo: "Me has convencido". El Dr. Michael Eaton me escribió un año después para decirme que no solamente esto lo convenció, sino que lo condujo a abrir las puertas de su iglesia en Johannesburg a gente de todos colores.

Todos los predicadores quieren un texto que dominen, pero los grandes predicadores son dominados *por* el texto. Cuando el texto nos domina, podremos estar seguros que el texto está hablando y de seguir por entre la aplicación que el Espíritu Santo dicte, aun si dicha predicación se va hasta la médula de los huesos y trastoca nuestro estilo de vida.

Esto me lleva a mi siguiente punto. Con frecuencia no queremos predicar sobre un tema porque sabemos que hay algo en nuestras vidas que es muy obvio, y nos atrevemos a no predicar sobre eso. Estoy convencido que muchos predicadores no predican sobre el diezmo porque *ellos* no son diezmadores. Muchos predicadores no predican acerca de testificar porque *ellos* no lo hacen. Entonces, cuando esto inevitablemente está en los versículos, no nos gusta predicarlo porque aquello expondrá nuestros corazones. Esta es la razón por la que el Espíritu no se mueve a través de nosotros.

Los reformadores acusaron a Roma de esconder la Biblia de la gente común, pero nosotros hacemos lo mismo si no transmitimos el significado evidente del texto.

Sentimientos personales

Yo bloqueo al Espíritu cuando dejo que una preocupación personal o relaciones emocionales se meten en el camino de mi predicación. Esto a veces se llama predicar *a* la gente, lo que nunca debe hacerse. Hay cinco opciones de las que puede echar mano el predicador:

1. Predicar *por* la gente. Esto es actuación.

2. Predicar *para* la gente. Esto es perder el control de sí mismo.

3. Predicar *humillando* a la gente. Esto es arrogancia.

4. Predicar *exaltando* a la gente. Esto es temor.

5. Pero existe una operación que tiene lugar entre el trono de la gracia y la butaca de la iglesia cuando predicamos *a* la gente. Ese es nuestro llamado.

Predicar *para* la gente bloquea el Espíritu y deja a la gente oprimida; lo cual siempre es contraproducente. Lo sé porque lo he hecho. La tentación es enderezar el barco.

Es un impulso melancólico llamado "reivindicación". Es asumir que el púlpito es mi plataforma personal. James S. Stewart (1896-1990), en su libro *Heralds of God*, cita a Bernard Mannig: "El púlpito no es más ministerio que lo que la mesa de la comunión lo es".[9]

Contristar al Espíritu

Bloqueo al Espíritu cuando no permito que el Espíritu no contristado controle mi mente en la preparación y controle mis sentimientos en el acto de la predicación.

El Espíritu Santo es muy sensible, de hecho, es la persona más sensitiva que jamás haya existido. Con frecuencia decimos de una persona sensitiva: "Será mejor que cuides lo que dices a su alrededor". Vemos la sensibilidad como un defecto en la otra persona, y aún le decimos que es hipersensitivo. ¡Pero el Espíritu Santo es mucho más que eso! Es alarmante qué tan poco sabemos del momento en el cual estamos contristando al Espíritu. No sentimos nada. Cuando Sansón dijo su secreto a Dalila, él no sintió nada: "Pero él no sabía que Jehová ya se había apartado de él" (Jue. 16:20).

Pedro dijo: "De igual manera, ustedes esposos, sean comprensivos en su vida conyugal... Así nada estorbará las oraciones de ustedes (1 P. 3:7 NVI). Conozco lo que es una pelea con mi esposa. Sé también lo que es que mis oraciones tengan estorbo.

Una vez durante un domingo por la mañana, cuando Louise y yo entramos en una discusión, yo azoté la puerta con coraje, fui a mi escritorio, tomé mi pluma y dije: "Espíritu Santo, ahora ayúdame a escribir este sermón que debo predicar mañana". Simplemente me senté allí. Fue horrible. Estaba demasiado orgulloso como para disculparme.

Nuestro temperamento por lo regular nos *mete* en problemas; el orgullo nos *mantiene* en problemas.

Estuve sentado por alrededor de siete horas, sin obtener un solo pensamiento para mi sermón. Cuando finalmente me disculpé y regresé a mi mismo escritorio, a mi misma Biblia, a la misma hoja de papel en blanco, las ideas comenzaron a verterse dentro de mi mente tan rápidamente que no podía escribir lo suficientemente rápido. Obtuve todo lo que necesitaba en cuarenta y cinco minutos. Esto nos muestra que podemos lograr más en cinco minutos cuando el Espíritu viene, de lo que podemos en cinco años cuando intentamos obrar algo en nuestro propio esfuerzo.

Por lo tanto, bloqueo al Espíritu cuando no le permito controlar mi mente durante la preparación. Cuando estoy enojado, o alojando un rencor, cuando no perdono totalmente a la persona que me lastimó profundamente, entonces contristo al Espíritu. Al contristar al Espíritu resulta en inhabilidad para pensar con claridad y escuchar a Dios. Al menos así sucede conmigo.

La amargura siempre parece algo correcto en el momento. Cuando decimos algo acerca de otra persona esto reduce nuestra credibilidad, a menudo no sentimos nada. Pero más tarde, cuando intentamos hacer algo que pensábamos que éramos capaces de hacer, nos encontramos con que esto sucede en nuestro propio esfuerzo —como Sansón— y nos inutiliza.

Algunas veces defino la *espiritualidad* como "estrechando la brecha entre el pecado y el arrepentimiento". En otras palabras, ¿cuánto tiempo nos toma admitir que estamos equivocados? A algunos les toma años; a otros segundos, y a muchos de nosotros algo entre los dos. Si usted sabe la forma en como el Espíritu puede ser contristado, es cosa de autocontrol y reducir la brecha de tiempo a segundos, de modo que no se rompa la comunicación continua con el no contristado Espíritu que reside en usted.

Cuando el Espíritu es Él mismo en mí, Él no está contristado, y, por lo tanto, puede controlar mi mente. Cuando es el caso, mi preparación del sermón es una auténtica delicia; los pensamientos vienen —pensamientos profundos que nunca antes podría haber pensado al respecto— porque el Espíritu Santo escribió la Biblia, y Él conoce lo que significa.

Intento por controlar el Espíritu en la entrega del mensaje

Bloqueo al Espíritu cuando no le permito controlar mi exposición. En otras palabras, debo tener el compromiso para transmitir lo que el no contristado Espíritu me dio durante la preparación. Debo rechazar cualquier preocupación personal que se interponga entre mi congregación y yo cuando predico. Esto también significa que debo estar dispuesto incluso a apartarme de mis notas y, si es necesario, arruinar mi sermón.

Uno de los servicios más memorables de mi vida fue cuando un evangelista visitante en mi antigua iglesia en Ashland, Kentucky, no predicó en absoluto. Había sido una semana memorable. Sermón tras sermón, noche tras noche, el predicador tuvo un poder inusual. Yo era solo un adolescente, pero no podía esperar para escuchar el sermón. En el cierre del domingo por la noche, el lugar estaba totalmente lleno. Cuando aquel hombre se puso de pie para predicar, lágrimas corrieron de sus ojos. Y me pregunté: ¿qué predicará esta noche? Entonces comenzó a entonar el coro del himno "Wonderful, Jesus Is to Me".

Conozco bien ese coro. Cuando terminó de cantar, lo

repitió. Pensé: "¿Cuándo va a predicar?". He aquí, ¡cantó este coro por tercera vez! De inmediato, la gente se levantó de sus asientos por docenas y vinieron al frente a arrodillarse y orar. Aquella noche jamás predicó el evangelista visitante, ¡pero qué servicio tuvimos! Este hombre prefirió dar "honor al Santo Espíritu", como ya lo hablamos. En lugar de predicar su sermón, él dejó al Espíritu Santo tomar el control.

Como el ungüento de la barba de Aarón, esto puede alterar mi apariencia y lastimar mi orgullo. Lo mismo sucede con el sermón o mensaje una vez que ha sido preparado. ¿Se ha dado cuenta de cuan ornamentada y hermosa era la túnica del sumo sacerdote? Salmos 133 habla acerca del ungüento vertido en la cabeza de Aarón, bajando por su barba hasta alcanzar su túnica, embarrándola. No estoy, tristemente, muy dispuesto del todo a dejar que eso ocurra con uno de mis sermones cuidadosamente preparados. Pero al final, esta dimensión puede ser la verdadera experiencia, probando si el Espíritu puede ser Él mismo a aquellos a quienes me dirijo.

Yo rara vez hago lo que he contado que aquel evangelista hizo: sacrificar su sermón para dejar al Espíritu tomar control. Pero esto solo puede ocurrir cuando un alto nivel de poder está ya presente, como lo estuvo aquella noche.

Predicación experimental incluirá todos estos tres elementos a los que se refiere Aristóteles en su obra *Retórica*:

- *ethos* — la credibilidad del expositor

- *pathos* — la apelación a los sentidos, cuando se hace con integridad

- *logos* — la razón o lógica del mensaje[10]

Algunos sermones carecen de logos y abundan en pathos. Otros son muy fuertes en logos —exactitud de doctrina— pero sin nada de pathos. Cuando el Espíritu Santo es liberado para ser Él mismo, no tendremos solamente la necesidad de balancear el sermón, sino también la satisfacción de que aquellos a los que estamos dirigiéndonos escuchen una palabra desde más allá, la cual desafía una explicación natural.

Oro durante largo tiempo en el día por el tiempo en el que el divorcio entre la Palabra y el Espíritu llegue a su fin, y haya una mutua reconciliación y un nuevo matrimonio glorioso. Con Dios todas las cosas son posibles.

Capítulo diez

RESPONSABILIDAD PROFÉTICA

Digo, pues, por la gracia que me es dada, a cada
cual que está entre vosotros, que no tenga más
alto concepto de sí que el que debe tener, sino que
piense de sí con cordura, conforme a la medida
de fe que Dios repartió a cada uno… si el de
profecía, úsese conforme a la medida de la fe…

—ROMANOS 12:3, 6

No juréis en ninguna manera…

—MATEO 5:34

L LEGUÉ A ESTAR consciente de "lo profético" —así como es conocido en algunos lugares en la actualidad— algo tarde en mi ministerio. Alrededor de 1990 yo todavía consideraba cualquier cosa profética lo referente a la escatología, que es la doctrina de las últimas cosas. Tuve un interés en la profecía bíblica en mi adolescencia, en parte porque por mi pastor de nazareno en Ashland, Kentucky, habló mucho del libro de Apocalipsis.

Andando el tiempo, llegué a Trevecca Nazarene University en 1953, ¡y lo tenía todo resuelto! Enseñé el libro de Apocalipsis allí cuando el profesor lo dijo: "La siguiente semana trataremos sobre el libro de Apocalipsis. ¿Hay alguien aquí que lo entiende?". Mi mano se levantó como un cohete. "Hermano Kendall, ¿podría enseñarlo por favor?".

Sin vacilar, repliqué: "Sí". Y lo hice… con toda confianza, arrogancia, y total ausencia de humildad. Me sonrojo al pensar en el efecto que tuve con los estudiantes en aquel lugar. Déjeme decirle que no me congracié con ello, o con el profesor, quien amablemente se apartó para escuchar mi ignorancia.

Ahora que escribo este libro algunos sesenta años después, dos cosas son verdad. Primero, admito conocer un poco o nada con respecto al libro de Apocalipsis. Segundo, me he familiarizado con la persona profética más versada desde William Branham (1909-1965). Debo agregar que no estoy seguro si entiendo lo "profético" más de lo que entiendo Apocalipsis. Está envuelto en misterio. Digo esto porque pensé que lo entendía, pero ahora me doy cuenta de que la historia se repite. Así como sé un poco sobre Apocalipsis, y pensé que sabía mucho, por lo tanto también pensé que entendía lo profético, pero me doy cuenta de que sé tan poco.

En 1991, el obispo David Pytches publicó su libro *Some Say It Thundered* (Thomas Nelson), un análisis a lo que él llama "los profetas de Kansas City". El libro contiene a cuatro hombres de los que nunca había escuchado, pero que desde entonces conozco bastante bien. De hecho, dos de ellos llegaron a ser amigos cercanos míos y de mi familia. Uno de ellos, Bob Jones (1930-2014) vino con Ricky Skaggs a estar al lado de mi cama el día siguiente a mi operación de corazón abierto. Él me profetizó por alrededor de una hora. Estando yo todavía afectado por la anestesia, vagamente recuerdo todo lo que él dijo. La única cosa que recuerdo es que él constantemente se refería a mí como "canopy".

Puedo decirle que estaba inmerso entre lo bueno, lo malo y lo feo. Estoy convencido en afirmar que Dios puede hablar hoy en la misma manera que Él habló a Elías, pero también sé con certeza que el mejor de los hombres son hombres en todos los casos. Estoy mejor de saber lo que sé, pero también debo decir que sé lo suficiente como para hacer que cualquier preguntón resulte casi desilusionado.

¿Por qué lidiar con esto?, podrías preguntar. Y mi respuesta es: porque es relevante.

El difunto John Paul Jackson (1950-2015), uno de los que cuatro hombres referidos como "los profetas de Kansas City", llegó a ser un amigo cercano. Tuvo mucha influencia en mí, y yo en él. Le presenté la pesca del macabijo y lo llevé a Bimini, Bahamas, tres veces. No entraré en todas y cada una de sus palabras proféticas para mí, sino que mencionaré una sola.

Durante una comida en Key Largo, Florida, él cambió el tema y al momento me dijo: "R. T. vivirás una vejez madura, pero si no te pones en forma físicamente, no estarás cerca para disfrutarlo" (palabras más palabras menos).

Le dije muchas veces después de eso: "John Paul, si ninguna de tus palabras para mí llega a ser verdad, atesoraré esas palabras acerca del ejercicio físico más que cualquier otras". No tengo duda de que si él no hubiera dicho esas palabras a tiempo, no hubiera podido viajar por el mundo como lo hago. Sus palabras cambiaron mi vida para bien. He estado al tanto de mi peso regularmente, hago ejercicio diariamente, procuro hacer al menos veinte abdominales al día, busco caminar una milla en la caminadora durante veinte minutos, y he encontrado un buen entrenador que me asiste.

Dicho esto, John Paul pensó que él y yo tendríamos un ministerio juntos. Un día antes de su muerte, me habló acerca de su futuro. Él pensaba genuinamente que sería sanado del cáncer. Tristemente, ninguna de esas cosas llegó a suceder.

Esto es en parte a lo que yo me refiero cuando digo que lo profético está envuelto en un misterio. No reclamo por entenderlo, pero sé lo suficiente como para no ser demasiado crítico. Después de todo, el apóstol Pablo dijo: "No menospreciéis las profecías. Examinadlo todo; retened lo bueno" (1 Tes. 5:20-21).

"El Señor me dijo". "Así dice el Señor". "Dios está diciendo". Muchas personas proféticas dicen estas frases virtualmente todo el tiempo. Pero pienso que deberían de dejar de decirlo. He dicho esto a casi todo ellos que he conocido. Poco escuchan.

Muchos de nosotros afirmamos hablar por Dios estos días, ¿pero cuantos de nosotros realmente hablamos por Dios? Muchas personas dicen tener un don profético y dan palabras empezando por "El Señor me dijo...". Incontables personas parecerían no ser proféticas, pero de igual modo dicen escuchar directamente a Dios. Tal vez lo hacen. Yo creo que Dios habla directamente a las personas hoy día. Mantener la premisa de que Dios directamente habla a las personas no es *violar* la Escritura. Es *afirmarla*. Como el Dr. Lloyd-Jones dijo una y otra vez (no solamente a mí, también ante el grupo de Westminster al que solía abordar cada mes): "Dios no nos dio la Biblia para reemplazar los milagros, o el testimonio directo del Espíritu, o la revelación fresca; nos fue dada para corregir los abusos".

Jesucristo es el mismo ayer, hoy y siempre. (Heb. 13:8). El Espíritu Santo es el mismo ayer, hoy y siempre Dios el Espíritu Santo puede hablar directamente hoy, pero nunca algo que añada o contradiga la Escritura. Veamos el verso antes y después de Hebreos 13:8 para darle el contexto:

> Acordaos de vuestros pastores, que os hablaron la palabra de Dios; considerad cuál haya sido el resultado de su conducta, e imitad su fe. Jesucristo es el mismo ayer, y hoy, y por los siglos. No os dejéis llevar de doctrinas diversas y extrañas; porque buena cosa es afirmar el corazón con la gracia, no con viandas, que nunca aprovecharon a los que se han ocupado de ellas.
>
> —Hebreos 13:7-9

El verso 8 fue escrito en el contexto de afirmar que los líderes hablan la Palabra de Dios (v.7) y de una prevención a no dejarse llevar por medio de "doctrinas diversas y extrañas" (v.9). Cualquier palabra profética de parte de Dios debe apoyar o unirse conforme con la Santa Escritura. Nunca debe contradecir la Escritura.

Tampoco se agregará directamente ninguna palabra a la Escritura. Considere estos tres ejemplos bíblicos:

Primer ejemplo

> Un ángel del Señor habló a Felipe, diciendo: Levántate y ve hacia el sur, por el camino que desciende de Jerusalén a Gaza... Y el Espíritu dijo a Felipe: Acércate y júntate a ese carro. Acudiendo Felipe...
> —Hechos 8:26, 29-30

Dios puede hacer esto hoy. No es agregar a la Escritura cuando esto ocurre. Es afirmarla (al igual que lo hizo un poco más en el versículo 30 cuando Felipe encontró al eunuco etíope leyendo Isaías). La palabra directa de Dios siempre afirmará la infalible Palabra de Dios, la Santa Escritura.

Segundo ejemplo

> En aquellos días unos profetas descendieron de Jerusalén a Antioquía. Y levantándose uno de ellos, llamado Agabo, daba a entender por el Espíritu, que vendría una gran hambre en toda la tierra habitada; la cual sucedió en tiempo de Claudio.
> —Hechos 11:27-28

Tercer ejemplo

> Así que, todos los que somos perfectos, esto mismo sintamos; y si otra cosa sentís, esto también os lo revelará Dios.
> —Filipenses 3:15

¿Creo que las palabras de Pablo se aplican a mí? Nunca. Muestran que Dios puede hablarme. ¿Por qué nos dio Dios el Nuevo Testamento (y palabras como las que tenemos en Filipenses 3:15), si Él no puede revelar su clara corrección hoy? La respuesta es: Dios puede hablar de esta manera hoy, a saber, para ordenarnos en una manera donde sabemos que no estamos siendo únicamente engañados, sino saber que ¡Él tiene una manera de mantenernos en el camino recto y estrecho!

Personalmente, vivo para escuchar directamente de Dios. Tomaré cualquier palabra de Él que pueda obtener, si es que es de Él. Pero quiero saber si viene de *Él*. Me han dado suficientes palabras proféticas (tanto amigos como extraños) para toda la vida. He aprendido a no rechazarlas, sino a ser cortés. He aprendido a no tomarlas tan en serio, y a poner tales palabras en baja prioridad y esperar su cumplimiento.

Una mujer en Escocia (a quien no había visto antes, y tampoco he visto desde entonces), corrió hacia mí con una palabra de precaución. "Sigo viendo tu corazón. Es tu corazón. Tu corazón físico. Necesitas poner atención y hacerte un chequeo". Asentí con amabilidad como pude, pero no la tomé en serio. Recordé sus palabras meses después cuando el cardiólogo me dijo que tenía una estenosis aórtica y que podría necesitar una operación a corazón abierto inmediatamente.

Dios podría estar complacido por enviar una palabra profética por medio de las Escrituras, o por los pensamientos de otras personas, o algún himno, o incluso por medio de una voz audible. Sí, una voz audible. He experimentado esto pocas veces. No que usted la escuche si se encuentra en el mismo cuarto que yo, pero sí claramente audible para mí. Sin embargo, vivo principalmente por percepciones, pensamientos e interpretaciones de la Palabra de Dios que nunca he visto antes. Estoy en mi ámbito más alto de éxtasis cuando esto ocurre.

Varias cuestiones vienen a mi mente: ¿Cuánto vamos a compartir con los demás cuando pensamos que escuchamos a Dios? ¿Debemos afirmar: "El Señor me dijo", cuándo tenemos la impresión de que sentimos que proviene del Espíritu Santo? ¿Cuántas de esas palabras o sentimientos son realmente de Dios? ¿Debería molestarnos que muchas de esas palabras que fueron precedidas por "el señor me dijo" no lleguen a suceder? ¿Qué se supone que piensa el Dios de los cielos de todo esto?

Cuando una palabra es precedida por "el Señor me dijo" y no llega a suceder, obviamente algo anda mal. Esto deshonra el nombre de Dios. Y trae descrédito al don de profecía.

¿No deberíamos disculparnos si nos equivocamos? Seguramente si *el Señor* dice algo, esto será correcto con exactitud. ¿Es un aliciente cuando una persona profética de sólida reputación dice: "El Señor me dijo que te dijera eso"? Definitivamente, pero ¿qué debemos creer si esa palabra no sucede? He tenido a "los mejores" que se equivocan en sus palabras para mí. ¿Quiere decir que esa persona que hizo tal declaración es un falso profeta? No necesariamente.

Como lo acabamos de ver, Lucas retrata a Agabo como un verdadero profeta en Hechos 11:28, sin embargo, un escrutinio objetivo de las palabras de Agabo en Hechos 21:11 nos lleva a preguntarnos: ¿Es eso lo que realmente está ocurriendo? Muchas personas probablemente no reparen en el hecho. Mira la profecía de Agabo y los detalles de lo que está ocurriendo. ¿Hizo Agabo lo correcto? No en realidad. ¿Significa esto que Agabo es un falso profeta? No. No obstante, Agabo dijo: "El Espíritu Santo dice". ¿Él dijo? Los eventos subsecuentes no fueron exactamente como Agabo los predijo. Lucas simplemente establece lo que Agabo dijo.

Decir "el Señor me dijo" es un hábito entre la gente profética muy difícil de romper.

CONFESIÓN PERSONAL

Seré honesto. Aunque no afirmo tener un don profético, he cometido este error cientos de veces, por ejemplo, al decir, "El Señor me dijo", "Dios me dio este sermón", y muchos otros. Ha habido ocasiones en donde verdaderamente ha sido dado por el Señor, de modo que decir: "el Señor me ha dado este sermón" (aun si Él lo hizo), no quiere decir que cada palabra de este es como la Escritura.

Dejé de decir "el Señor me dijo" hace mucho tiempo, especialmente cuando comencé a entender las instrucciones de Jesús de nunca hacer un juramento.

A medida que usted lee, intentaré explicar por qué no se debe decir "el Señor me dijo". Pueden sentir que es de parte de Dios, por lo que no es necesario agregar "el Señor me dijo". Exhorto: no diga que todo lo que siente es de parte del Señor. Puede usted siempre decir: "Pienso que debería de compartir esto contigo". De este modo, no hacemos daño.

SEIS NIVELES DE PROFECÍA

Profecía, si esta es verdadera profecía, es una palabra que proviene directamente de Dios sin filtrar por embellecimiento humano alguno sea que pertenezca al pasado, al presente o al futuro. Pero no toda la profecía es del mismo calibre. Hay niveles de profecía, como una pirámide, comencemos por la base y vayamos subiendo hasta la cima.

6. Exhortación general (ánimo)

El Dr. Michael Eaton le llama a esto "profecía de bajo nivel". Pablo animó este tipo de profecía (1 Cor. 14:11 y siguientes); él no estaba motivando a alguien a llegar a ser otro Elías. Alguien podría tener una "palabra" (ya sea por medio de un himno, un sueño, o cualquier visión), pero como palabra que es necesita ser probada. Como dije anteriormente, no estamos despreciando tal profecía (1 Te. 5:19-20), pero todas las palabras necesitan ser probadas.

5. Advertencias específicas

Ciertos discípulos instaron a Pablo a no ir a Jerusalén. Lucas se une a ellos; él dice que ellos advirtieron a Pablo "por el Espíritu" (Hechos 21:4). De igual modo, Agabo advirtió a Pablo, diciendo "Así dice el Espíritu Santo" (Hechos 21:11, NVI), y todavía Pablo rechazó prestar atención a la advertencia. ¿Quién lo hizo bien? ¿Se equivocó Pablo al ignorarlos? Agabo pudo haber estado equivocado. Pablo pudo haber estado equivocado. En cualquier caso, esto no parecía molestar a Pablo, por lo que se fue a Jerusalén de todos modos.

4. Predicación profética

Como vimos anteriormente, Pedro dijo que uno debe hablar "como quien expresa las palabras mismas de Dios" (1 P. 4:11, NVI). Desearía que este fuera el caso de mi propia predicación. Mi estilo básicamente es expositivo y pastoral, pero nada me emociona más que cuando alguien me dice: "¿Cómo supo que estuve allí hoy? Esto es exactamente lo que yo necesitaba". La predicación expositiva puede ser profética sin que el predicador esté siendo consciente de esto. Aun si es consciente de lo que Dios está permitiendo, este debe ser humilde al respecto y no decir: "Así dice el Señor". Diré más sobre este punto más adelante.

3. Cuando es forzado a testificar durante la persecución

Jesús dijo: "Pero, cuando los arresten, no se preocupen por lo que van a decir o cómo van a decirlo. En ese momento se les dará lo que han de decir, porque no serán ustedes los que hablen, sino que el Espíritu de su Padre hablará por medio de ustedes" (Mateo 10:19-20, NVI). En el otoño de 1963, cuando yo era pastor de una pequeña iglesia en Carlisle, Ohio, me llamaron ante un grupo de ministros para responder sobre cargos que venían de algunos de los miembros de mi iglesia. Durante la mañana de mi juicio de herejía, de manera sobrenatural recibí de parte de Dios la cita de Mateo 10:19-20. Sentí su ayuda durante la noche al responder una acusación "herética" de que yo afirmaba que Jesús es Dios. ¡Me declaro culpable de ese cargo! Los presentes me aseguraron que había ganado. Dios me dio las palabras exactas para decir. Fue la primera vez que necesité apoyarme en la promesa de Jesús en Mateo 10:19-20.

2. Profecía no canónica

Natán, Gad, Elías y Eliseo son ejemplos de profetas no canónicos. ¿Podría haber profetas de esta talla y magnitud hoy día? Creo que sí. Entonces, ¿ellos pueden decir, "El Señor me dijo"? Y respondo: ellos deben ser los más cautelosos de todos en decir cosas como "el Señor me dijo". ¿Por qué? Ellos deben observar y examinar y observar con el más doloroso escrutinio. Si desean guardar el nombre de Dios fuera de esto y simplemente decir cosas tales como: "siento que debo decirte esto", mantendrán así su integridad, su credibilidad, y unción. Muchos de los profetas modernos podrían salvarse de incalculables vergüenzas debiendo ser más modestos en sus afirmaciones.

No *perderá* usted nada manteniendo el nombre de Dios fuera de la película. Usted avergüenza a los ángeles cuando incluye el nombre del Señor y se equivoca. Trataré a profundidad esto más adelante, pero no hay necesidad de traer el nombre de Dios ya sea para advertir o alentar a alguien sobre alguna cosa.

1. La Santa Escritura

Esto incluye todo el Antiguo Testamento, con los profetas canónicos, y todo el Nuevo Testamento. La Escritura es la revelación final de Dios. Nadie jamás tendrá la autoridad de hablar como ella. Si cualquier hombre o mujer afirma hablar en el mismo nivel que la Santa Escritura, está completamente fuera de sí y será descubierto tarde o temprano. Solo la Biblia es infalible.

LÍMITES DE LA PROFECÍA

Hay varias Escrituras muy relevantes aquí, recuerde que cada uno de nosotros tiene una "medida de la fe" (Ro. 12:3) Esto quiere decir que hay un límite para nuestra fe. Solamente Jesús tiene una fe perfecta porque solamente Él tiene el Espíritu Santo sin límite (Juan 3:34).

En segundo lugar, para aquellos quienes profetizan, esto debe hacerse de dos maneras: (a) en "proporción" a su fe

(Ro. 12:6), no yendo más allá de la unción, y (b) de acuerdo con la analogía de la fe. La palabra griega que se traduce "proporción" es *analogia*.[1] Esto significa comparar la Escritura con la Escritura, ¡para asegurarse de estar dentro de los límites de una teología sólida!

En tercer lugar, recuerde que la profecía cesará (1 Cor. 13:8-9). Lo que quiere decir que hay temporadas para lo profético. La palabra de Dios fue "escasa" durante un tiempo en el antiguo Israel (1 Samuel 3:1). Amós habló de un hambre por escuchar la palabra de Dios (Amós 8:11). Esto quiere decir que algunas ocasiones Dios escoge no decir nada. Dios puede escoger no hablar durante una generación. Si es así, qué tonto es pretender hablar en por Él. ¡Raro es esa persona profética que se negará a ser sacada a dar una "palabra" cuando no hay claramente tal palabra! Un error común de muchas personas proféticas es que tienen algunas formas de "experiencias espirituales" y obtienen una genuina palabra de Dios, pero luego lo embellecen con exhortaciones personales o enseñanzas teológicas basadas en sus propias experiencias para justificar la interpretación, la cual puede o no ser de Dios.

En cuarto lugar, Pablo dijo que en parte sabemos y en parte profetizamos (1 Corintios 13:9) Esto quiere decir que nadie sabe todo y ningún profeta tiene conocimiento ilimitado. Esto debería mantener humildes a todos aquellos con un don profético, sin lugar a dudas.

PROTOCOLO O DIRECTRICES DE LA PROFECÍA

Hay ciertos principios que debemos seguir para mantener transparente la integridad sobre la profecía. Primero, no ir más allá de lo que le ha sido dado. Es mucho de lo que Pablo instruyó a los de Corinto cuando les dijo: "aprendáis a no pensar más de lo que está escrito" (1 Co. 4:6). Por tanto, siendo palabra profética, no la embellezca. He conocido más de unas pocas personas proféticas, quienes recibieron sin duda palabra de Dios, pero terminaron arruinándolo al buscar embellecerla.

En segundo lugar, ser muy, pero muy cuidadoso en dar honor al nombre de Dios. Vamos ahora a entrar a la parte más solemne y delicada de este capítulo. Lo que comparto ahora se encuentra en dos de mis libros: mi enfoque sobre Mateo 5:33-37 en *Sermon on the Mount* (Chosen Books) y mi exposición a Santiago 5:12 en *The Way of Wisdom* (Parternoster Press).

Esto es lo que se establece en Santiago 5:12: "Pero sobre todo, hermanos míos, no juréis, ni por el cielo, ni por la tierra, ni por ningún otro juramento; sino que vuestro sí sea sí, y vuestro no sea no, para que no caigáis en condenación". Esta advertencia está dirigida a los pobres cristianos que han sido maltratados por los adinerados cristianos, como fue señalado en Santiago 5:1-6. La tentación de ambos fue declarar "Dios está de nuestro lado" al traer el nombre de Dios. La palabra de Santiago es: no hagan eso. No abusen del nombre declarando que Dios está contigo y no con ellos. Por consiguiente, "no juréis", esto es, no digan tener a Dios de su lado, seas de los pobres o de los acomodados. No digas: "Juro por el nombre de Dios que Él está con nosotros, no contigo". En otras palabras, dice Santiago, deje el nombre de Dios fuera de todo esto. Deje de usar el nombre, su nombre, para usted quedar bien.

Es por esto que la persona profética debe cuidarse de

decir: "Así dice el Señor" o "El Señor me dijo". ¿Por qué? Porque con esto usted está proclamando tener conocimiento profundo de lo que Dios ha hablado a través de usted, en otras palabras, está usted usando el nombre de Dios para quedar bien. Cuando hacemos eso, no estamos tratando de que *Dios* quede bien; sino tratando de hacer que nosotros mismos quedemos bien. Esto transgrede el tercer mandamiento que dice que no debemos usar mal el nombre de Dios (Éx. 20:7). Es tomar el nombre de Dios en vano cuando usted usa su nombre para envanecer su pronunciación profética.

En lugar de esto debemos dar honor al tercer mandamiento de la ley mosaica (los Diez Mandamientos): "No tomarás el nombre de Jehová tu Dios en vano" (Ex. 20:7). La Nueva Versión Internacional dice: "No uses el nombre del Señor tu Dios en falso".

En el Sermón del Monte, Jesús dio su interpretación de la ley en tres instancias: (1) con respecto del sexto mandamiento (asesinato); (2) sobre el séptimo mandamiento (adulterio); y (3) acerca del tercer mandamiento sobre el nombre de Dios. Esto está en Mateo 5:33-37. Santiago por su parte cita a Jesús en Santiago 5:12: "Pero sobre todo, hermanos míos, no juréis, ni por el cielo, ni por la tierra, ni por ningún otro juramento; sino que vuestro sí sea sí, y vuestro no sea no, para que no caigáis en condenación". Particularmente, aquí Santiago se dirige a aquellos trabajadores del campo que han sido maltratados por creyentes ricos. La tentación para los trabajadores pobres del campo era decir: "Dios está de nuestro lado y en contra de ti". Santiago vocifera una advertencia en contra de inclinarse a un lado y usar el nombre de Dios. Esta es la peor forma de inflarse, que es, usando el nombre de Dios para hacerse ver bien a sí mismo. Abusar del nombre de Dios es cuando usted trae a Él dentro de su conversación para elevar su propia credibilidad. De este modo está usted pensando en usted mismo, y no en Él. Tal vez quiera que la gente piense que es espiritual. Quiere parecer cercano a Dios.

He hecho esto con frecuencia durante años —y me avergüenza decirlo—. He (espero) dejado de hacerlo. Creo en compartir esto con todos en estos últimos días ¿Me dijo el *Señor* que lo compartiera? ¡Dígamelo usted!

El tema aquí es el juramento. Uno de los mayores privilegios que los cristianos pueden tener es que Dios haga un juramento para usted y para mí de la misma manera que lo hizo con Abraham. El juramento se ve cuando Dios concede el más grande nivel de fe; esto es lo que está detrás de los milagros en la Biblia. Si lo concede, el juramento de Dios para nosotros puede pertenecer a (1) seguridad de la salvación (Heb. 4:10; 10:22); (2) un aviso de avanzada de la oración contestada (Marcos 11:24; 1 Juan 5:15); (3) que usted lo sepa teológicamente bien (Col. 2:2); (4) la oración de fe por sanidad (Stg. 5:15); y (5) una palabra profética (1 P. 4:11)

Toda profecía debe hacerse en proporción de nuestra fe. Es únicamente cuando el juramento es dado a nosotros que sabemos con certeza que hemos dado una palabra de Dios. Esto es lo que estaba detrás de la autoridad de Elías. Así lo muestro en *These Are the Days of Elijah* (Chosen Books), Elías tiene autoridad ante Acab debido al juramento de Dios es hacia él. Solamente cuando Dios le hace un juramento, es que usted tiene el tipo de autoridad que Elías tenía ante Acab. Elías no se mordió las uñas por muchos años al preguntarse si vería una nube en el cielo. Él con serenidad dijo ante el rey "no lloverá a menos que yo lo diga". ¿Cómo podría Elías estar seguro? "Vive Jehová Dios de Israel, en cuya presencia estoy, que no habrá lluvia ni rocío en estos años, sino por mi palabra" (1 Reyes 17:1) Esto es lenguaje de juramento.

Cualquier profecía debe hacer que *Dios* luzca bien, no el profeta. Si usted está en desacuerdo con esto y decide decir: "Así dice el Señor", es mejor que sepa *absolutamente* lo que está diciendo de lo que Dios le ha declarado en juramento. Cuando Elías dijo: "Vive Jehová Dios de Israel", significa una declaración de juramento de Dios hacia él. Si, entonces, usted dice: "El Señor me dijo", será mejor que esté en lo correcto; de otro modo, usted está abusando del nombre de Él.

Siendo honesto. Cuando alguno dice "El Señor me dijo", ¿buscan que Dios quede bien? No. Sino que están tratando de ellos mismos quedar bien, o, al menos, esperan que usted creerá en lo que dicen si ellos afirman que "viene del Señor".

Pregunta: ¿Qué sucede si Dios *le dio* una palabra? Bien. Me da gusto por usted, pero ¿necesita decirlo a alguien? ¿Cuál debiese ser su motivación en decir que *Dios* le dio tal palabra? ¿Debe esto hacer quedar bien a *Él* o lo hace quedar bien a *usted*?

Si usted dice: "Mi motivación es animar a la gente", creo en usted, ¿qué tal si esas palabras no llegan a ser verdad? ¿Con qué frecuencia se saldrá con la suya al repetir constantemente la afirmación: "El Señor dice"? Le prevengo con amor: mantenga el nombre de Dios fuera de esto a menos que vaya a jugársela por aquello que está usted afirmando.

Puede siempre decir: "Siento que debo compartir esto contigo". Si la palabra proviene genuinamente de Dios, esto será reconocido a su debido tiempo; ¡no hay necesidad de apresurarse!

¿Son las excepciones sobre lo que he insistido en este capítulo? ¡Espero que sí! Tal vez usted haya oído el dicho: "La excepción hace la regla". Si esto es así, creo que hay buenas personas proféticas alrededor que no quieren hacer daño cuando dicen: "El Señor me dijo". Cuando viví en Key Largo, llevé a John Paul Jackson a conocer a mis vecinos al otro lado de la calle. John Paul les dio las más grandes palabras de aliento que ellos jamás habían escuchado. Le preguntaron: "Cómo sabe usted decir esto?

A lo que contestó: "El Señor me dijo". En este caso, esto pareció tranquilizarlos. Lo que es más, a pesar de que John Paul estableció un tiempo sobre su profecía, lo cual me puso nervioso, resultó ser totalmente preciso.

Otra posible excepción que me viene a la mente es Bobby Corner. Él afirma que Jesús le habla todo el tiempo, y me inclino a creerle. Sus palabras para la gente son casi siempre versículos bíblicos, los cuales siempre han sido correctos, más de lo que pudo contar.

No estoy diciendo, por supuesto, que usted nunca debe decir: "El Señor me dijo" o "Así dice el Señor". Estoy exhortándolo a nunca decirlo a menos que tenga ese nivel de juramento que asegure que Dios ha hablado. Solo entonces, ¡no tiene que decirlo!

Si usted deja que el nombre del Señor fuera, no se arrepentirá. Puede siempre decir: "Me siento impulsado a compartir esto contigo", si usted cree que Dios ha hablado. También estará a salvo si la palabra no viene de arriba. Usted no será avergonzado, y no habrá abusado del nombre de Dios.

Recuerde lo que Santiago dijo: "Pero sobre todo", no hacer mal uso del nombre del Señor "para que no caigáis en condenación" (Stg. 5:12). Usar en vano su nombre no vale la pena.

Capítulo once

ISAAC

*Dijo también Dios a Abraham: A Sarai tu mujer
no la llamarás Sarai, mas Sara será su nombre. Y la
bendeciré, y también te daré de ella hijo; sí, la bendeciré,
y vendrá a ser madre de naciones; reyes de pueblos
vendrán de ella. Entonces Abraham se postró sobre
su rostro, y se rió, y dijo en su corazón: ¿A hombre de
cien años ha de nacer hijo? ¿Y Sara, ya de noventa
años, ha de concebir? Y dijo Abraham a Dios: Ojalá
Ismael viva delante de ti. Respondió Dios: Ciertamente
Sara tu mujer te dará a luz un hijo, y llamarás su
nombre Isaac; y confirmaré mi pacto con él como
pacto perpetuo para sus descendientes después de él.*

—GÉNESIS 17:15-19

*Porque la tierra será llena del conocimiento de la
gloria de Jehová, como las aguas cubren el mar.*

—HABACUC 2:14

Jonathan Edwards nos enseñó que la tarea de cada generación es descubrir en qué dirección se está moviendo el Soberano Redentor, y moverse en esa dirección. Algo también que recordar de Edwards, quien sin duda era la luz principal en el gran avivamiento de Estados Unidos en el siglo XVIII, es que también enseñó que él presenció la profecía de Habacuc en sus días. Algunas veces llamada "la gloria de los últimos días" (una era que procedería a la segunda venida de Jesús), me uno a muchas personas en la historia de la Iglesia quienes han creído en que un mayor mover del Espíritu Santo rodeará el globo antes del fin.

Es de entenderse que algunos de estos pensaron que estaban viendo esta gloria en sus días. Como ellos, yo creo que seremos testigos de esto en nuestro tiempo. El tiempo dirá si la enseñanza esencial de este capítulo proviene del Señor.

Yo llamo a este último día de gloria "Isaac". Abraham esperaba que el hijo prometido fuera Ismael, pero tuvo que ajustar. Muchos cristianos carismáticos han enseñado que el movimiento pentecostal/carismático del siglo veinte era el mover final del Espíritu Santo antes de la segunda venida de Jesús. Creo que lo mejor está aún por venir: Isaac viene.

Mi llegada a este punto de vista con respecto a Isaac fue producto de un largo proceso, que comenzó en 1960. Cuando yo era pastor de una iglesia en Carlisle, Ohio, leí acerca del movimiento de la glosolalia en la revista *Time*. Antes de ser conocido como el movimiento carismático, se le llamó glosolalia (del griego *glossa*, que se utiliza para *lengua*), ya que el común denominador del movimiento fue principalmente el hablar en lenguas.

He aquí, una semana después, fui invitado a un almuerzo ministerial en un pueblo cercano, donde uno de los principales oradores era precisamente uno de los mencionados en el artículo de la revista *Time*, un ministro de la Iglesia Reformada en los Estados Unidos. Fue, de hecho, uno de los mejores conocidos ministros en este movimiento en ese momento, y llegó a ser altamente considerado por muchos. Fui a escucharlo, y sucedió que yo me encontraba sentado al otro lado de la mesa donde él estaba. Como él era un ministro de la Iglesia Reformada, le pregunté si era calvinista. Sí. Y añadió que el libro de Loraine Boettner (1901-1990), *The Reformed Doctrine of Predestination* (P & R Publishing) tuvo una gran influencia en él. Esto atrapó mi atención. Yo conocía el libro y su autor. Su charla con los ministros fue impresionante. Luego, invitó a todos aquellos que desearan orar para recibir el don de lenguas que permanecieran detrás. Le dije que yo había hablado en lenguas pocos años atrás. Y dijo que podría hacerlo de nuevo.

Me quedé para recibir oración. Me arrodillé en el altar de dicha iglesia y dije: "Señor, si tú estás detrás de esto, déjalo venir; si no, detenlo". Fui completamente sincero y pensé que el hablar en lenguas podría regresar. Sin embargo, después de orar por mí, nada sucedió. Él entonces dijo: "Toma el versículo literalmente, 'Cantad alegres a Dios' (Sal. 100:1).

Le dije: "¿Qué quiere decir?".

"Solo canta alegre", contestó.

"No entiendo".

"Entonces has ruido", lo dijo con un poco de frustración.

"No entiendo".

"Solo di: Ah".

"Ah", obedientemente lo hice.

"Bueno...", preguntó, "¿Sientes alguna cosa?".

"No".

"Intentemos de nuevo", sugirió, "Di, ah".

Nada ocurrió cuando yo dije "Ah", hasta este momento él me estaba confundiendo. Me levanté, me rendí, y me fui a casa. De forma inesperada me encontré con él en un restaurante al día siguiente. Me dijo: "He estado orando por ti. Eres el primero en no alcanzarlo".

He pensado en este incidente cientos de veces. Bien o mal, me formé una impresión que permanece. Estuve inquieto con él intentando —lo que me pareció— que funcionara. Yo me sentía más mal al saber que sí había funcionado en otras ocasiones. Lo que hizo preguntarme si el movimiento de la glosolalia, el cual más tarde llegó a ser conocido como el movimiento carismático, era algo que el hombre intentaban causar que sucediera, como Abraham lo hizo al dormir con Agar para que Dios le hiciera una buena promesa.

Años más tarde, Rolfe Bernard (1904-1969), uno de mis primeros mentores calvinistas, jugó un importante papel en mi comprensión de los carismáticos. Considerando que muchos de los compañeros ministros y seguidores de Rolfe desestiman ampliamente a los pentecostales y carismáticos como movimientos de Dios, Rolfe definitivamente tiene una perspectiva diferente. Él piensa que Dios está en estos movimientos. Estuvo especialmente cautivado por David du Plessis (1905-1987, un pentecostal sudafricano).

Sin embargo, el comentario literal de Rolfe con relación al movimiento carismático fue: "Creo que Dios está en él, pero *eso* no es todo". Fue su manera de decir que habría de venir algo mucho más grande, "el último día de gloria".

En el otoño de 1973, pocas semanas después de llegar a

Oxford, fui a escuchar a du Plessis en una reunión especial. Había aprendido que Smith Wigglesworth hizo una profecía significativa a du Plessis, y puesto que Rolfe habló favorablemente de él, no quería perdérmelo. Me alegro de haber ido; seré sincero, lo encontré algo decepcionante. Esperaba más. Poco dijo que me hiciera sentido. Coincidí ciertamente con Rolfe: "*Eso* no es todo". Durante los próximos meses, permanecí absorto con la noción que del movimiento carismático podría ser comparado a Ismael, y que Isaac representa el genuino último día de gloria.

¿Recibí esto del Señor? Dígamelo usted. Compartí esto primeramente en mi iglesia Lower Heyford, Oxfordshire. Los miembros de la Capilla Westminster recordarán esta comparación muy bien. Compartí esto con el Dr. Lloyd-Jones. No se comprometió con ello, pero claramente le gustó la idea. Si usted me somete a un detector de mentiras, le diría que eso fue del Señor, pero al final del día, debemos esperar y ver qué ocurre.

Nunca en mi vida he conocido el temor y temblando como me sentí en los días antes en los que originalmente di este mensaje en el Wembley Conference Centre en octubre de 1992. Mi escritura en este capítulo es una elaboración de lo que yo propuse aquella noche.

Pronostico una nueva era, una que bien puede llamarse era poscarismática.

Cuando uso el término carismático, lo veo como algo taquigrafiado por obra del Espíritu —incluyendo los pentecostales— que todos hemos conocido a lo largo del siglo pasado.

Pocos días antes de la conferencia Word and Spirit, Lyndon Bowring y yo tuvimos una reunión con un respetado líder carismático. Totalmente espontáneo, le hice este cuestionamiento: "Si el movimiento carismático es ya sea Ismael o Isaac, ¿cuál piensa que es?

Él respondió: "Isaac".

Le dije: "¿Qué si te digo que el movimiento carismático no es ni Isaac y ni Ismael?

Su respuesta fue: "Espero que no".

Este hombre, un buen hombre lleno del Espíritu, respondió exactamente como Abraham lo hizo: "Por eso le dijo a Dios: —¡Concédele a Ismael vivir bajo tu bendición!" (Gn. 17:18 NVI).

Dios estaba entregando a Abraham hacia lo que él había estado buscando más que cualquier otra cosa en el mundo: la promesa de un hijo por medio de su amada esposa, Sara. ¡Y lo estaba rechazando! Cuando la promesa de Dios fue originalmente dada, estoy seguro de que Abraham nunca habría creído que un día reaccionaría tan negativamente a algo tan positivo.

Esa es en gran manera la forma en la que muchos carismáticos reaccionaron a mi discurso aquella noche. El punto de que Isaac viene, algo más significativo de lo que hemos visto, no compensó el dolor que sentían aquella noche. "Usted nos llama Ismael", me dijo un amigo carismático cercano. "Pero Isaac viene", enfaticé.

Fue duro para mucho carismáticos aceptar la noción de que el movimiento por el cual dieron sus vidas y sufrieron persecución no fue "eso" después de todo. Lo entiendo. Sin embargo, el mismo amigo carismático que acabo de citar desde entonces ha aceptado mi posición. En efecto, ahora veinticinco años después, los carismáticos casi en cualquier lugar me dicen: "Esperamos que tengas razón. Porque si lo que tenemos ahora es todo lo que hay, el futuro es bastante sombrío".

ABRAHAM CREYÓ A LA PALABRA DE DIOS

Por trece años Abraham sinceramente creyó que Ismael era el hijo de la promesa. Todo esto comenzó años antes cuando le fue dada una promesa de parte Dios. De hecho, creer en esa promesa significaba que la justicia se abonaba a su crédito.

> Después de estas cosas vino la palabra de Jehová a Abram en visión, diciendo: No temas, Abram; yo soy tu escudo, y tu galardón será sobremanera grande. Y respondió Abram: Señor Jehová, ¿qué me darás, siendo así que ando sin hijo, y el mayordomo de mi casa es ese damasceno Eliezer? Dijo también Abram: Mira que no me has dado prole, y he aquí que será mi heredero un esclavo nacido en mi casa. Luego vino a él palabra de Jehová, diciendo: No te heredará éste, sino un hijo tuyo será el que te heredará. Y lo llevó fuera, y le dijo: Mira ahora los cielos, y cuenta las estrellas, si las puedes contar. Y le dijo: Así será tu descendencia. Y creyó a Jehová, y le fue contado por justicia.
>
> —GÉNESIS 15:1-6

Abraham debió haber dicho a Dios: "¿Esperas que yo crea eso? Debes estar bromeando. Tengo 85 y Sara 70". Pero no. Abraham *lo creyó*. Y por creer la promesa, justicia fue imputada a Abraham. Esto llegó a ser la ilustración principal de Pablo para la doctrina de la justificación por fe (Ro. 4). Esto fue lo que Martín Lutero descubrió en el siglo XVI y lo que revolucionó al mundo.

Es este el evangelio en resumidas cuentas: Cuando creemos que Jesús murió en la cruz por nuestros pecados, y transferimos todas nuestras esperanzas que una vez pusimos en nuestras obras a lo que Jesús hizo por nosotros en la cruz, justicia es puesta a nuestro crédito como si nunca hubiéramos pecado. Este es el evangelio.

Abraham creyó la promesa, pero los años pasaron con ello. Ningún hijo. Sara envejecía. Ningún hijo. Ella estaba muy lejos de la edad en la que por lo general era posible para una mujer tener un hijo. Abraham y Sara se desalentaron. Todos llegamos a desanimarnos cuando Dios retarda el cumplimiento de su Palabra. Todos tendemos a preocuparnos durante la época de oración sin respuesta. Todos conocemos el dolor de la espera, habiendo estado seguros de que lo hicimos bien. Abraham estaba seguro cuando Dios dijo que Él haría de sus descendientes tan numerosos como las estrellas en el cielo (Gn. 15:5); pero nada ocurría.

Un día a Sara se le ocurrió una solución.

> Saray, la esposa de Abram, no le había dado hijos. Pero, como tenía una esclava egipcia llamada Agar,[2] Saray le dijo a Abram: —El Señor me ha hecho estéril. Por lo tanto, ve y acuéstate con mi esclava Agar. Tal vez por medio de ella podré tener hijos. Abram aceptó la propuesta que le hizo Saray. Entonces ella tomó a Agar, la esclava egipcia, y se la entregó a Abram como mujer. Esto ocurrió cuando ya hacía diez años que Abram vivía en Canaán. Abram tuvo relaciones con Agar, y ella concibió un hijo.
>
> —Génesis 16:1-4, nvi

Abraham no inició esta idea; fue totalmente de Sara. ¿Por qué estuvo él de acuerdo? Porque Abraham realmente creyó a promesa y él estuvo dispuesto a ver si sucedía de cualquier forma que Dios eligiera para lograrlo. Lo que es más, si el hijo de Agar fuera varón, habría venido del propio cuerpo de Abraham, y esa era la promesa. Eso daría cualquier razón para creer que Dios estaba obrando. Un niño varón encajaba en la promesa de Génesis 15:4-5.

Agar concibió, pero Sara tuvo dudas.

> Y él [Abraham] se llegó a Agar, la cual concibió; y cuando vio que había concebido, miraba con desprecio a su señora. Entonces Sarai dijo a Abram: Mi afrenta sea sobre ti; yo te di mi sierva por mujer, y viéndose encinta, me mira con desprecio; juzgue Jehová entre tú y yo.
>
> —GÉNESIS 16:4-5

Agar despreció a Sara, Sara persiguió a Agar. Agar huyó al desierto. Un ángel del Señor la visitó. Le anunció a Agar: "He aquí que has concebido, y darás a luz un hijo, y llamarás su nombre Ismael, porque Jehová ha oído tu aflicción" (Gn. 16:11).

Sabemos cuatro cosas en este escenario:

1. Sara persiguió a Agar.

2. Dios afirmó a Agar.

3. El niño fue varón.

4. La confirmación de Dios fue sobre Ismael.
   Abraham nunca podría olvidar esto.

Ismael nació cuando Abraham era de 86 años. En lo que a Abraham se refiere, Dios había mantenido su Palabra. No podría haber ninguna duda al respecto. Todo apuntaba a que Ismael era el hijo prometido, y así, Abraham le dijo a Dios: "Ojalá Ismael viva delante de ti".

Abraham no solo se había reconciliado con la sugerencia de que Agar debía ser la madre de su hijo, sino que vio que aparentemente cumplía con todas las condiciones de la promesa de Génesis 15:4 —condición que jamás imaginó—. Génesis 15:4, en lo que a Abraham se refiere, era ahora historia antigua —*estaba hecho*. Dios ha guardado su Palabra, tal cual fue. Ismael reunió los requerimientos, y Abraham no tuvo queja.

Un día, Abraham se levantó como cualquier otra mañana, no preparado para lo que sucedería ese día. ¿Qué diferencia hace un día! Abraham era ahora de 99 años, e Ismael, su orgullo y gozo, era un adolescente. Nunca subestime cuánto amó Abraham a Ismael, su único hijo. Entonces, de repente, Dios aparece a Abraham.

> Era Abram de edad de noventa y nueve años, cuando le apareció Jehová y le dijo: Yo soy el Dios Todopoderoso; anda delante de mí y sé perfecto. Y pondré mi pacto entre mí y ti, y te multiplicaré en gran manera. Entonces Abram se postró sobre su rostro, y Dios habló con él, diciendo: He aquí mi pacto es contigo, y serás padre de muchedumbre de gentes. Y no se llamará más tu nombre Abram, sino que será tu nombre Abraham...
>
> —Génesis 17:1-5

Hasta ahora Abraham disfrutó de cada palabra que escuchó ese día. Dios le dio el pacto de la circuncisión, la increíble promesa de que él podría ser el padre de muchas naciones; la tierra de Canaan sería una posesión eterna; él amó cada momento de esto. Todo iba bien con Abraham. Además, sin problemas con la circuncisión, Abraham circuncidaría a Ismael y él mismo sería circuncidado. El pacto sería extendido a su casa, aun a los extranjeros, quienes llegarían a ser parte de su casa. El pacto fue inflexible, no cumplirlo era perder la promesa. Estaba bien. Hasta ahora bien.

Luego llegaron algunas noticias para las cuales Abraham no estaba preparado. Estas deberían de haber sido grandiosas, sublimes cual más, las más fantásticas promesas que sus oídos podían jamás haber escuchado. Sin embargo, no podía creer lo que estaba escuchando, y no le gustaron.

> Dijo también Dios a Abraham: A Sarai tu mujer no la llamarás Sarai, mas Sara será su nombre. Y la bendeciré, y también te daré de ella hijo; sí, la bendeciré, y vendrá a ser madre de naciones; reyes de pueblos vendrán de ella. Entonces Abraham se postró sobre su rostro, y se rió, y dijo en su corazón: ¿A hombre de cien años ha de nacer hijo? ¿Y Sara, ya de noventa años, ha de concebir? Y dijo Abraham a Dios: Ojalá Ismael viva delante de ti.
>
> —GÉNESIS 17:15-18

El mundo de Abraham ahora estaba de cabeza. Él estaba profiriendo una dolorosa petición: "Por favor, deja que el pacto sea cumplido en Ismael".

Estoy listo a decir que esto es precisamente lo que Dios nos está diciendo en el presente tiempo. Sara, a quien el apóstol Pablo llamó "la madre de todos nosotros", concebirá. Por lo

que sé, ella ya ha concebido. Alguien dijo que Isaac sería un
"bebé feo", pero un hombre guapo cuando llegue la edad. Lo
oculto, la obra soberana del Espíritu Santo, frecuentemente
emerge en los lugares y en las personas que menos imaginamos. Por mucho que amemos a Ismael —el movimiento
pentecostal y carismático—, por mucho que Dios afirmara a
Ismael, y por mucho que Ismael encajara en lo que muchos
esperaban, Dios está tramando algo nuevo. Dios estaba
detrás de Ismael, pero Ismael no es el último propósito de
Dios. Sara concebirá. Isaac aparecerá cualquier día.

Ahora regreso a donde mi amigo esperaba que el movimiento carismático fuera Isaac. Le dije: "¿Por qué te
entristecería mucho esto? Cuando consideramos lo que
Dios está haciendo a continuación, que será mucho mejor
—como Isaac lo fue a Ismael— ¿cómo será cuando Dios
hace algo sin precedentes en la tierra? Si Ismael pudiera dar
a Abraham mucho gozo, ¿cuánto más Isaac? Si Ismael fue
bendecido por Dios, ¿cuánto más Isaac?".

Hoy día, cuando consideramos cuánto Dios ha bendecido
a la iglesia a través de los movimientos pentecostal y carismático, y cuán maravillosas y emocionantes cosas han
venido durante esta era, ¿cómo será Isaac?

¿POR QUÉ DEBERÍA AFIRMARSE LA ERA PENTECOSTAL-CARISMÁTICA?

Abraham no inició la era de Ismael. Él fue un hombre
honorable que creyó en la promesa de Dios. Sara, la madre
de todos, fue la instigadora de todo el asunto, y deberíamos
honrarla. La promesa de un hijo vino a Abraham como una
palabra de Dios. La afirmación de Dios de Ismael a Agar
demuestra que esto fue de Dios.

La era carismática es de Dios. Él lo hizo, y todos somos mejores por ello. Muchas iglesias que hoy valen la pena en el Reino Unido (Inglaterra, Gales, Escocia, e Irlanda del Norte), son carismáticas. Mientras que en el Reino Unido el movimiento carismático es popularmente famoso, en los Estados Unidos es visto como la franja lunática. Esta es una razón más por la que hay un estigma en los Estados Unidos en contra de defender todos los dones del Espíritu. La gran himnodia que en los últimos cien años hemos visto ha emergido del movimiento carismático. Desde Graham Kendrick a Matt Redman hasta Hillsong, ¿Dónde estaríamos sin su contribución? Cuando usted considere que el avivamiento generalizado, particularmente en África, Latinoamérica, Sudáfrica, Indonesia y Corea es en gran parte pentecostal, podrá usted ver por qué deberíamos afirmar la era carismática. Sara persiguió a Agar. Considere cuánto han sufrido carismáticos y pentecostales, ¡fundamentalmente por evangélicos! Pentecostales, neopentecostales, quienes se atreven a hablar de los dones del Espíritu, señales, prodigios, y milagros, "han sido expulsados fuera del campamento", tal como Agar en el desierto. Han sido abatidos, les han levantado falsos, malentendidos, y perseguidos, como otros de cualquier época en la historia de la iglesia cristiana.

Una incuestionable visitación divina afirmó a Agar en el desierto. Podía ver a Dios aun entre sus lágrimas. Amo la manera en que la versión Reina-Valera lo traduce; casi me lleva a las lágrimas cada vez que lo leo: Agar "llamó el nombre de Jehová que con ella hablaba: Tú eres Dios que ve" (Gn. 16:13). Agar supo que Dios le había dado a su hijo. Dios aun le dio al hijo el nombre de Ismael, el cual significa "Dios oye".[1] Dios dejó a Agar sin duda alguna de que Él estaba con ella, de que Él estaba detrás de todo. De la misma manera, quienes sin vergüenza alguna se consideran a sí mismos como carismáticos, saben que Dios los ha visitado. Que Dios los ha afirmado. Que ellos han visto lo sobrenatural. Mi corazón arde hacia ellos, están entre mis amigos más cercanos; yo soy uno de ellos.

No todo está arreglado. Sin duda señales y maravillas han caracterizado a pentecostales y carismáticos por todo el mundo. Es triste que gran parte del movimiento carismático haya permitido que la enseñanza de la prosperidad reemplace lo sobrenatural.

Además, Dios tiene un propósito secreto para Ismael, el cual fue revelado primero a Agar y más tarde a Abraham:

> Le dijo también el ángel de Jehová: Multiplicaré tanto tu descendencia, que no podrá ser contada a causa de la multitud.
>
> —Génesis 16:10

> Y en cuanto a Ismael, también te he oído; he aquí que le bendeciré, y le haré fructificar y multiplicar mucho en gran manera; doce príncipes engendrará, y haré de él una gran nación. Mas yo estableceré mi pacto con Isaac, el que Sara te dará a luz por este tiempo el año que viene.
>
> —Génesis 17:20-21

No hemos visto el final de esto todavía, por cierto. Los descendientes naturales, literales, arábigos, de Ismael son tan numerosos como para contarlos. Se han extendido en un número cada vez mayor, y sus mezquitas y lugares de alabanza se incrementan rápidamente en cada gran ciudad.

¿Quién sabe cuándo terminará esto? Vamos a presenciar al Islam regresando a Cristo antes de que todo haya terminado. "Cosas que ojo no vio, ni oído oyó, ni han subido en corazón de hombre, son las que Dios ha preparado para los que le aman. Pero Dios nos las reveló a nosotros por el Espíritu" (1 Cor. 2:9-10).

LA ERA POSCARISMÁTICA

Ahora quiero mostrarle primero por qué Ismael no estaba destinado a ser el niño prometido. Dios quería que la promesa del evangelio, tal como se la revelaba a Abraham, se cumpliera en una forma que desafía una explicación natural. La conversión es el más grande milagro que puede ocurrir debajo del sol. Es una obra soberana de Dios; es lo que Dios hace. Cuando Agar concibió, fue natural, pero cuando Sara concibió, esto desafió una explicación natural; solo Dios podía hacerlo.

Dios quería que los herederos del evangelio miraran hacia atrás a lo que Él había hecho en una forma que nadie cuestionaría. Aunque era comprensible que Abraham estuviera de acuerdo con la propuesta de Sara, siempre habría una duda sobre ella. Aun Abraham debe haberse cuestionado: "Fue dormir con Agar lo correcto? ¿Esto es todo lo que hay? ¿Esto es realmente lo que Dios tuvo en mente cuando Él dio la promesa?".

No quiero parecer injusto, pero aunque no se puede negar la presencia de lo sobrenatural, la prueba empírica, real e indubitable de señales y maravillas no es tan común en los años recientes. Como dije anteriormente, creo que esta es la razón de por qué la doctrina de la prosperidad ha remplazado ampliamente a las sanidades como el énfasis de un todavía creciente número de prominentes carismáticos y pentecostales, particularmente en Estados Unidos. Pero los milagros genuinos están siendo vistos en países del tercer mundo. Testifico de una mujer sordomuda que dijo el nombre de "Jesús" en un campo de Mozambique, África, cuando Heidi Baker oró por ella.

¿CÓMO APARECERÁ ISAAC?

Isaac aparecerá repentinamente cuando la Iglesia en general está en un sueño profundo, esperando nada. Hay a lo menos dos acontecimientos en la Escritura que apuntan a la misma cosa.

1. La profecía de Malaquías

> He aquí, yo envío mi mensajero, el cual preparará el camino delante de mí; y vendrá súbitamente a su templo el Señor a quien vosotros buscáis, y el ángel del pacto, a quien deseáis vosotros. He aquí viene, ha dicho Jehová de los ejércitos. ¿Y quién podrá soportar el tiempo de su venida? ¿o quién podrá estar en pie cuando él se manifieste? Porque él es como fuego purificador, y como jabón de lavadores. Y se sentará para afinar y limpiar la plata; porque limpiará a los hijos de Leví, los afinará como a oro y como a plata, y traerán a Jehová ofrenda en justicia. Y será grata a Jehová la ofrenda de Judá y de Jerusalén, como en los días pasados, y como en los años antiguos.
> —MALAQUÍAS 3:1-4

Aunque Juan el Bautista cumplió en sí mismo la profecía de Malaquías, la segunda parte de las palabras de Malaquías dice acerca de que los judíos y Jerusalén serán gratos al Señor "como en los días pasados, y como en los años antiguos". *Ese no fue el caso* cuando Jesús entró en escena. Ellos lo rechazaron. Las referencias a Leví y Judá y Jerusalén están por consiguiente sin cumplir. En lugar de que los judíos y Jerusalén agraden al Señor, lo contario era cierto. Jesús lloró sobre Jerusalén porque ellos renunciaron a lo que les pertenecía debido a su rechazo de su Mesías prometido.

> ¡Jerusalén, Jerusalén, que matas a los profetas, y apedreas a los que te son enviados! ¡Cuántas veces quise juntar a tus hijos, como la gallina junta sus polluelos debajo de las alas, y no quisiste! He aquí vuestra casa os es dejada desierta. Porque os digo que desde ahora no me veréis, hasta que digáis: Bendito el que viene en el nombre del Señor.
>
> —MATEO 23:37-39

> …diciendo: ¡Oh, si también tú conocieses, a lo menos en este tu día, lo que es para tu paz! Mas ahora está encubierto de tus ojos. Porque vendrán días sobre ti, cuando tus enemigos te rodearán con vallado, y te sitiarán, y por todas partes te estrecharán, y te derribarán a tierra, y a tus hijos dentro de ti, y no dejarán en ti piedra sobre piedra, por cuanto no conociste el tiempo de tu visitación.
>
> —LUCAS 19:42-44

En otras palabras, ¡la profecía de Malaquías en la que los judíos y Jerusalén serán gratos al Señor todavía debe ser futura! Sin embargo, añadiré: Isaac será un ministerio tipo Juan el Bautista. Como Juan el Bautista preparó el camino para Jesús, Isaac —cuando la Palabra y el Espíritu se unan— tendrá a la novia de Cristo lista para la segunda venida el Mesías.

2. La parábola de las Diez Vírgenes

> Y a la medianoche [del griego *mitad de la noche*] se oyó un clamor: ¡Aquí viene el esposo; salid a recibirle! Entonces todas aquellas vírgenes se levantaron, y arreglaron sus lámparas. Y las insensatas dijeron a las prudentes: Dadnos de vuestro aceite; porque nuestras lámparas se apagan. Mas las prudentes respondieron diciendo: Para que no nos falte a nosotras y a vosotras, id más bien a los que venden, y comprad para vosotras mismas.
>
> —Mateo 25:6-9

Imagínese usted mismo a las 2:00 a. m. La última cosa que usted quiere es estar despierto a esa hora. Jesús dijo que en los últimos días, la Iglesia será acertadamente descrita como adormilada. Trato con esto en *Prepare Your Heart for the Midnight Cry*. Cuando en lo general la Iglesia se encuentre decadente, sin poder, adormilada, y esperando nada, Isaac aparecerá.

Para ese tiempo habrá tres categorías de cristianos: (1) las vírgenes sabias durmientes; (2) las vírgenes insensatas durmientes, y (3) aquellas quienes despiertan a la iglesia y le dicen: "¡Aquí viene el esposo; salid a recibirle!". Esta tercera categoría estará compuesta de un remanente no adormilado sino disponible para que Dios el Espíritu Santo despierte a la iglesia en los últimos días.

Como una persona profética lo puso hace pocos años atrás: "Hay un resurgir del temor de que el Señor regrese, algo que caerá de repente, inesperadamente, y sin previo aviso. Un nuevo día está llegando; no es un "otra, otra", será algo sin precedentes. Este será el distintivo de una enorme ola del Espíritu que se propagará alrededor de la tierra. Será tratará de santidad y pureza de corazón. Es una pérdida de tiempo decirle a la gente que se prepare. Simplemente vendrá. Repentinamente. Un avivamiento con un sello de lágrimas, pero también de profunda intimidad con la persona del Espíritu Santo"[2].

Esta palabra profética es coherente con la profecía de Malaquías 3:1-4.

¿CÓMO SE VERÁ ISAAC?

Una restauración del evangelio

Mi difunto amigo John Paul Jackson me habló de su visión de lo que yo llamo Isaac. Él dijo que la clave del próximo gran mover de Dios sobre la tierra podría ser el libro de Romanos, especialmente el capítulo 4. Esto significa que la historia se repite a sí misma. Romanos 4 es acerca de la justificación por la fe solamente. Como lo muestro en *Whatever Happened to the Gospel?*, este es el mensaje que puso de cabeza al mundo en los días de Martín Lutero. Es lo que dio a John Wesley su experiencia conmovedora en la calle de Aldersgate, en Londres, en 1738. Como lo dije antes, Wesley le enseñó a Whitefield la doctrina de la justificación por la fe. Esto fue clave en la predicación de Jonathan Edwards en el Gran Avivamiento de su tiempo.

En el escenario previamente mencionado, uno podría pasar por alto lo que la promesa de Isaac eventualmente hizo por Abraham: esto lo condujo de regreso a la Palabra de Dios. En Romanos capítulo 4, el apóstol Pablo, habiendo lidiado con Génesis 15:6, muestra la base de su doctrina de la justificación por fe; de pronto, él brinca en el tiempo a cuando Abraham fue reconciliado con el hecho de que Isaac estaba en camino.

> Contra toda esperanza, Abraham creyó y esperó, y de este modo llegó a ser padre de muchas naciones, tal como se le había dicho: "¡Así de numerosa será tu descendencia!" Su fe no flaqueó, aunque reconocía que su cuerpo estaba como muerto, pues ya tenía unos cien años, y que también estaba muerta la matriz de Sara. Ante la promesa de Dios no vaciló como un incrédulo, sino que se reafirmó en su fe y dio gloria a Dios, plenamente convencido de que Dios tenía poder para cumplir lo que había prometido. Por eso se le tomó en cuenta su fe como justicia.
>
> —ROMANOS 4:18-22, NVI

Esto le fue contado a Abraham como justicia cuando él creyó por primera vez. Pero ahora él está creyendo de nuevo, y se vuelve hacia la promesa original de Dios. Abraham ahora tiene algo por lo cual vivir y que excede su mayor expectativa. Por años, Abraham ha sobreestimado la Palabra —la dignidad y la gloria de esta. Pero con la promesa de Isaac en el camino, una vez que se reconcilió con lo que Dios le dijo que iba a suceder a continuación, lo llevó de regreso a la Palabra.

La llegada de Isaac traerá a la iglesia de regreso a la Palabra de Dios como no lo hemos hecho en años. Habrá un nuevo encanto con las Escrituras. Será como enamorarse de nuevo. Esto resultará en una nueva garantía, un estallido de poder y una expectativa que nunca habríamos soñado.

Tendremos algo por lo cual vivir, algo que no se parecerá a ninguna cosa que hayamos conocido.

Una restauración del temor de Dios

La venida de Isaac se caracterizará por una reverencia a Dios y su Palabra no vista en nuestra generación. "¿Y quién podrá soportar el tiempo de su venida? ¿o quién podrá estar en pie cuando él se manifieste?" (Mal. 3:2). Una renovación del temor de Dios significará un regreso a la santidad. ¿Qué pasó a la santidad? "Porque él es como fuego purificador, y como jabón de lavadores" (Mal. 3:2). Cuando la Palabra y el Espíritu se fusionen, será un nuevo matrimonio del cual nunca debieron de haberse separado. Como el matrimonio humano, Dios dijo: "Así que no son ya más dos, sino una sola carne; por tanto, lo que Dios juntó, no lo separe el hombre" (Mat. 19:6).

¿Cómo será entonces Isaac? Será una era en la cual la Palabra predicada será tan impresionante como la vindicación del nombre de Dios, lo que significa auténticas señales, prodigios, y milagros. Será una era en la cual las señales y prodigios no estarán bajo la nube de lo suspicacia sino abiertas al minucioso escrutinio. Como los escépticos del Nuevo Testamento dijeron del milagro del hombre discapacitado que de repente estaba caminando: "No lo podemos negar" (Hch. 4:16).

Gente islámica regresa a Cristo y el levantamiento de la ceguera sobre Israel

Millones de musulmanes serán convertidos. Miles de musulmanes que hayan tenido sueños acerca de Jesús saldrán a la luz. Esto incluirá imames, quienes al momento están temerosos de hablar sobre esto. Este fenómeno deslumbrará al mundo.

Por el momento es virtualmente imposible llegar muy lejos en la presentación del evangelio a un judío. En Israel está prohibido para un cristiano evangelizar. Pero algo — no estoy seguro qué será— causará que la luz regrese a los corazones de judíos de todas partes del mundo. Será una parte de un esfuerzo evangelístico que llevará a judíos musulmanes, y gente de todas etnias y naciones a Cristo.

Será una era cuando el evangelio, así como con señales y maravillas, estará a la vanguardia de las prioridades entre los ministros de Dios. Será una era cuando la conversión a Cristo no se minimice, sino que sea vista como el milagro más grande que puede suceder. Una época en la cual los casos que parecen imaginablemente más difíciles serán como plastilina en las manos soberanas de Dios; cuando las conversiones sorprendentes sean algo común. Algunos de los que más se oponen al evangelio, que se han reído de la infalibilidad bíblica, y han ignorado la historia de la fe cristiana, inclinarán sus rostros ante la presencia de Dios en arrepentimiento. Será una época cuando el mundo temerá las oraciones del pueblo de Dios aún más que el temor a una guerra nuclear. La Reina de Escocia se dice que temió a las oraciones de John Knox "más que a todos los ejércitos reunidos"[3].

La era poscarismática será un tiempo cuando el gobierno y la gente de altos niveles doblarán sus rodillas al Dios del pueblo en busca de ayuda. Con Ismael, era la promesa de una nación; con Isaac, fue la promesa de muchas naciones. El apóstol Pablo dijo que Isaac es el: "heredero del mundo" (Rom. 4:13). Estamos hablando de algo grande. Estamos hablando de algo que es mayor a los límites de las naciones, cuando reyes de la tierra, líderes de naciones, hacen ver que hay un Dios en los cielos. Será una era en la cual los niños serán vasijas soberanas, una edad en la que el cristianismo ordinario estará equipado con dones proféticos. No será el caso de los superestrellas religiosos que van rivalizando el tiempo de televisión, intentando ser vistos o escuchados, o de proveerse para ellos mismos. Estamos hablando de un avivamiento que alcance a las áreas más olvidadas, que corte los corazones de la gente, y vuelque los lugares que hasta ahora se pensaban impenetrables. Todo esto vendrá sin la ayuda de los medios de comunicación, sin las firmas de relaciones públicas, o el patrocinio de personalidades de alto perfil.

La venida de Isaac comenzarás una era en la cual la gloria del Señor cubrirá la tierra como las aguas cubren la mar.

Smith Wigglesworth supuestamente hizo una profecía tres meses antes de morir, en la que predijo una unión de la Palabra y el Espíritu. Esto es lo que dijo:

> Durante las próximas décadas habrá dos movimientos distintos del Espíritu Santo a través de la iglesia en Gran Bretaña. El primer movimiento afectará cada iglesia que se esté abierta para recibirlo y será caracterizado por una restauración del bautismo y los dones del Espíritu Santo. El segundo movimiento del Espíritu Santo resultará en personas dejando sus iglesias de toda la vida y plantando nuevas iglesias. En la duración de cada uno de estos movimientos, la gente que esté involucrada dirá: "Este es el gran avivamiento". Pero el Señor dice: "No, ni siquiera este es el gran avivamiento, pero son pasos hacia ello".

Cuando la fase de la nueva iglesia esté en declive, habrá evidencia en las iglesias de algo que no se había visto antes: una venida conjunta de aquellos con énfasis en la Palabra y de aquellos con énfasis en el Espíritu.

Cuando la Palabra y el Espíritu lleguen a estar juntos, será el más grande mover del Espíritu Santo que la nación, y ciertamente el mundo, jamás hayan visto. Esto marcará el comienzo de un avivamiento que eclipsará cualquier cosa de la que se haya testificado dentro de estas costas, aun el avivamiento de Wesley o el de Gales de años anteriores. El derramamiento del Espíritu de Dios fluirá desde el Reino Unido hasta la Europa Continental, y desde allí comenzará un movimiento misionero hasta los confines de la tierra[4].

Aun si Wigglesworth no haya dicho eso, yo creo que la siguiente cosa por ocurrir en el calendario de Dios no es la segunda venida, sino el avivamiento de la iglesia antes del fin. ¿Cuánto durará esta era? No lo sé.

El Señor dice: Y el Señor me respondió: "Escribe la visión para que pueda leerse de corrido. Pues la visión se realizará en el tiempo señalado; marcha hacia su cumplimiento, y no dejará de cumplirse. Aunque parezca tardar, espérala; porque sin falta vendrá". (Hab. 2:2-3, nvi).

"¡Que Ismael viva bajo tu bendición especial!", suplicó Abraham, pero Dios dijo que Isaac sería el único. El nombre Isaac significa el que ríe. Como en Pentecostés cuando las burlas se volvieron temores, Palabra y Espíritu vienen juntos y traerán una era en donde la risa cínica se convertirá en temor reverente y gozo.

CONCLUSIÓN

Dije casi al principio de este libro que mucha de la predicación que he hecho en mi vida, si soy totalmente honesto, fue "solo la Palabra". Cuando la gente iba a la Capilla Westminster, no esperan *ver* que ocurrieran cosas; sino que venían a *escuchar* la Palabra. Por el contrario, hay iglesias donde la gente no va mucho a *escuchar* sino a ver a *ver* cosas que suceden. ¿Quién puede culparlos?

Jesús, sin embargo, podía deslumbrar multitudes con el poder de su Palabra tan fácilmente como cuando efectuaba milagros. La gente se sorprendió cuando Él habló, y se asombró cuando Él sanó. La combinación simultánea de la Palabra y el Espíritu en gran e igual medida lo hará. Y cuando esto tenga lugar, como mi amigo Lyndon Bowring lo pone: "Los que vengan a ver oirán, y los que vienen a escuchar lo verán".

Que Dios el Padre, Hijo y Espíritu Santo le bendiga y le guarde ahora y por siempre. Amén.

NOTAS

Capítulo uno
¿Podemos tener la Palabra sin el Espíritu?

1. Blue Letter Bible, *"parrēsia,"* revisado 22 de abril de 2019, https://www.blueletterbible.org//lang/lexicon/lexicon.cfm ?Strongs=g3954&t=kjv.

2. Es es un típico dicho usado por Jack Taylor, con predico a menudo.

Capítulo dos
En buenos términos con el Espíritu Santo

1. Cita de Marva J. Dawn, *Morning by Morning* (Grand Rapids, MI: Eerdmans, 2001), 242. Una variante aparece en la página 280 de John R. Rice's *Prayer* (Murfreesboro, TN: Sword of the Lord Publishers, 1970): "Martín Lutero dijo que tenía mucho trabajo por hacer para Dios que nunca terminaría a menos que orara ¡tres horas al día!". Ninguno de los autores cita una fuente para este dicho.

Capítulo tres
Cómo obtener más del Espíritu Santo

1. Charles Wesley, "Love Divine, All Loves Excelling," 1747, https://hymnary.org/text/love_divine_all_love_excelling_joy_of_he.

2. Joseph Medlicott Scriven, "What a Friend We Have in Jesus," 1855, https://hymnary.org/text/what_a_friend_we_have_in _jesus_all_our_s.

3.   Dwight L. Moody, como cita en *Rick Warren's Bible Study Methods* (Grand Rapids, MI: Zondervan, 2006), 16.

4.   "Longest Ongoing Pilgrimage," Guinness World Records Limited, 24 de abril de 2013, http://www.guinnessworldrecords .com/world-records/longest-ongoing-pilgrimage.

Capítulo cuatro
El fruto del Espíritu

1.   Frances R. Havergal, "Like a River Glorious," 1876, https://library.timelesstruths.org/music/Like_a_River_Glorious/.

2.   Blue Letter Bible, s.v. *"praÿtēs,"* revisado el 23 de abril de 2019, https://www.blueletterbible.org/lang/lexicon/lexicon .cfm?Strongs=G4240&t=ESV.

3.   Blue Letter Bible, s.v. *"egkrateia,"* revisado el 23 de abril de 2019, https://www.blueletterbible.org//lang/lexicon/lexicon .cfm?Strongs=g1466&t=kjv.

Capítulo cinco
Los dones del Espíritu

1.   Blue Letter Bible, s.v. *"zēloō,"* revisado 23 de abril de 2019, https://www.blueletterbible.org//lang/lexicon/lexicon. cfm?Strongs=g2206&t=kjv.

2.   Blue Letter Bible, s.v. *"sophia,"* revisado 23 de abril de 2019, https://www.blueletterbible.org//lang/lexicon/lexicon. cfm?Strongs=g4678&t=kjv.

3.   Blue Letter Bible, s.v. *"oida,"* revisado 23 de abril de 2019, https://www.blueletterbible.org//lang/lexicon/lexicon .cfm?Strongs=g6063&t=esv.

4.   Bible Hub, s.v. *"charisma,"* revisado 23 de abril de 2019, https://biblehub.com/greek/5486.htm.

Capítulo seis
¿Podemos tener al Espíritu sin la Palabra?

1. A. W. Tozer, *God's Pursuit of Man* (Chicago: Moody Publishers, 2015), 16.

2. William Rees, "Here Is Love," estrofas 1–2, 1855; trans. por William Edwards, 1915; estrofa 3 atribuida a William Williams, 1744, https://hymnary.org/text/here_is_love_vast_as _the_ocean/fulltexts.

3. Frances Crosby, "Pass Me Not, O Gentle Savior," 1868, https://library.timelesstruths.org/music/Pass_Me_Not_O_Gentle _Savior/.

4. En comunicación con el autor.

Capítulo siete
Logos y rhema

1. J. Harrison Hudson, "The Impact of Robert Murray M'Cheyne," *Life and Work*, Enero de 1987, https://www.mcheyne .info/harrison-hudson.php.

Capítulo ocho
El divorcio silencioso

1. R. T. Kendall, *Tithing* (Grand Rapids, MI: Zondervan, 1982), 20.

2. Aprendí de esta forma de conversación personal con alguien quien presenció esto de primera mano.

3. I learned of this in a personal conversation and confirmed it with the preacher's staff members. Aprendía de esto en una conversación personal y lo confirmé con miembros del equipo del predicador.

4. "Faith alone plus nothing" (Fe sola más nada) es una frase que aprendí del difunto Francis Schaeffer (1912–1984).

5. Cita en John Fowles, *The Journals Volume One* (Evanston, IL: Northwestern University Press, 2003), 581.

Capítulo nueve
Donde las promesas y el poder se unen

1. Enciclopedia Británica Inc., "Phillip Brooks," revisado el 25 de abril de 2019, https://www.britannica.com/biography/Phillips
-Brooks.

2. Blue Letter Bible, s.v. *"chrisma,"* revisado el 25 de abril de 2019, https://www.blueletterbible.org//lang/lexicon/lexicon.cfm?Strongs=g5545&t=kjv.

3. Blue Letter Bible, s.v. *"chriō,"* revisado el 25 de abril de 2019, https://www.blueletterbible.org//lang/lexicon/lexicon.cfm?Strongs=G5548&t=KJV; Blue Letter Bible, s.v. *"Christos,"* revisado el 25 de abril de 2019, https://www.blueletterbible.org/lang/lexicon/lexicon.cfm?Strongs=G5547&t=KJV.

4. Blue Letter Bible, s.v. *"apophtheggomai,"* revisado el 22 de abril de 2019, https://www.blueletterbible.org//lang/lexicon/lexicon.cfm?Strongs=G669&t=KJV.

5. Blue Letter Bible, s.v. *"chriō."*

6. Matthew L. G. Zickler, "Luther and Calvin," The Lutheran Church—Missouri Synod, 14 de junio de 2017, https://lutheranreformation.org/theology/luther-and-calvin.

7. Mike Puma, "Leader of Men" ESPN Classic, revisado el 25 de abril de 2019, http://www.espn.com/classic/biography/s/Lombardi_Vince.html.

8. Charles Spurgeon, *The Complete Works of C. H. Spurgeon* (Harrington, DE: Delmarva Publications Inc., 2015).

9. Wikisource, s.v. "Heralds of God/Chapter 2," última modificación en marzo 13 de 2014, 21:21, https://en.wikisource.org /w/index.php?title=Heralds_of_God/Chapter_2&oldid=4814208.

10. Aristotle, *Rhetoric*, trans. W. Rhys Roberts (n.p.: Arcadia ebook, 2016), https://books.google.com/books?id=LNr9Cw AAQBAJ&.

Capítulo diez
Responsabilidad profética

1. Blue Letter Bible, s.v. "*analogia*," revisado el 26 de abril de 2019, https://www.blueletterbible.org//lang/lexicon/lexicon .cfm?Strongs=g356&t=kjv.

Capítulo once
Isaac

1. Bible Hub, s.v. "Yishmael," revisado el 26 de abril de 2019, https://biblehub.com/hebrew/3458.htm.

2. Paul Cain, "A Resurgence of the Fear of the Lord Is Coming!," Elijah List, 13 de febrero de 2018, http://www.elijahlist .com/words/display_word.html?ID=19670.

3. Citado en David Brody y Scott Lamb, *The Faith of Donald J. Trump* (New York: HarperCollins, 2018), 21.

4. Smith Wigglesworth dio esta profecía en 1947.